En anden forståelse af forståelse

AF192292

Om mig selv.

Student fra Sankt Annæ Gymnasium, 1961.

Kandidat i fysik og matematik fra KU, 1971.

Studietiden gik i høj grad med obospil i to orkestre og to blæserkvintetter samtidigt – plus det løse. Det var, i overensstemmelse med de frie og frodige muligheder dengang, en meget begivenhedsrig og alsidigt lærerig tid, hvor jeg bl.a. opnåede at spille i Concertgebouw i Amsterdam og Goldener Sal i Musikverein i Wien med Amatørsymfonikerne og spille alle Beethovens 9 symfonier på en aften og en nat - og spille håndbold i 1. division - **og blive fundamentalt påvirket af kvantemekanikkens erkendelsesmæssige udfordring**.

Med denne bagage har jeg undervist i fysik og matematik og forestået mange eksperimenter, ofte kontroversielle, og præget musiklivet på Sønderborg Statsskole fra 1971 og til 2004.

De sidste to år gennemførte jeg et toårigt undervisningsforsøg med fysik i samarbejde med filosofi. Dette samarbejde pustede nyt liv i de spekulationer som har ligget og ulmet siden ungdommens forbløffende kvantemekaniske åbenbaringer.

Ånden fra kvantemekanikkens pionerår herskede stadig på Bohrs institut da jeg gennemførte mit fysikstudium. Alt i den nye fysik forekom mig så fundamentalt anderledes hvad angår vores forhold til verden, at jeg mente det måtte have revolutionerende virkning på filosofien og hele vores selvforståelse. Til min store forundring er der intet sket i den retning i min levetid. Altså må jeg vove pelsen og selv forsøge mig.

Claus Münchow

En anden forståelse af forståelse

Bevidstheden, verden og virkeligheden

Selvreference og komplementaritet

FSC
www.fsc.org
MIX
Papir fra
ansvarlige kilder
Paper from
responsible sources
FSC® C105338

En anden forståelse af forståelse

Femte udgave

Forsidebillede: Shutterstock

med Niels Bohrs motto indsat i yin-yang-symbolet

© 2021 Claus Münchow

Forlag: BoD (Books on Demand) - Hellerup, Danmark

Fremstilling: BoD (Books on Demand) - Norderstedt, Tyskland

ISBN: 9788743045014

Indhold

Til læseren

'Den kvantemekaniske belæring' er Niels Bohrs betegnelse for kvantemekanikkens udfordring til vores verdenssyn. Det er en belæring så fremmedartet at dens radikalitet her 100 år efter dens fremkomst endnu ikke har gjort noget som helt indtryk på moderne filosofi og gjort fysikerne hjælpeløse når det drejer sig om hvad den mirakuløst velfungerende kvantemekanik egentlig fortæller om os selv og verden. Den nuværende verdensforestilling kan ikke rumme de kvantemekaniske erfaringer. Det er et uomgængeligt varsel om et forestående paradigmeskift.

I denne bog påvises de vedvarende problemer for vores aktuelle paradigme, og et nyt grundlag for forståelse afprøves.

Der er således tale om en fundamental frasigelse af den forestilling om os selv og vores forhold til verden hvorpå hele vores aktuelle videnskab bygger. Jeg kan derfor kun forvente – og har allerede oplevet - at traditionel filosofi vil afvise det som fri fantasi, en illusion, en ubrugelig mental forestilling. Mit svar herpå er at ethvert paradigmatisk verdensbillede er en mental forestilling som tilstræber at kunne rumme vores indhøstede erfaringer med verden - så længe det varer. Nu går den ikke længere.

Bohrs indsigt er den altovervejende og ufravigelige inspirationskilde. Med det udgangspunkt må man se helt anderledes på vores vilkår i verden. Læs min tekst på dens egne betingelser. Og når du, min ærede læser, helt forventeligt kan finde tankerne for vilde, så betænk den nuværende situations grundlæggende magtesløshed på de behandlede områder.

En varm tak til mine venner Pawel Kaminski og Hans Gammeltoft-Hansen som har brugt tid og kræfter på at udfordre mig i et todagesseminar i begyndelsen af juni 2018 og fulgt nysgerrigt op. Og til min gode veninde Edith Rosenberg som grundigt og virkningsfuldt har læst korrektur.

Jeg bruger nyt komma.

Venlig hilsen   claus.munchow.net   claus@munchow.net

VERDEN ER GIVET

BEVIDSTHEDEN ER IKKE GIVET

PROBLEMER MED VERDEN ER SKINPROBLEMER

DE OPSTÅR VED BEVIDSTHEDENS MÅDE AT GÅ TIL VERDEN PÅ

0. Indledning, Helt forfra...

"Det filosofiske problem om forholdet mellem sjæl og legeme, ...
opstår som følge af en skelnen mellem to værens-områder: sfæ-
ren af mentale fænomener (tanker, følelser, sanseindtryk osv.),
som viser sig i et »indre« eller første-persons perspektiv, og lege-
met eller - mere generelt - den materielle virkelighed, der forelig-
ger som objekt for ydre beskuelse."

Således præsenterer Erich Klawonn i *Sjæl-legeme-problemet*[1] det psyko-
fysiske problem, som

"gennem de sidste ca. 350 år har stået højt på den filosofiske
dagsorden og den dag i dag er et af de mest omdiskuterede emner
inden for international fagfilosofi."

Efter en grundig analyse af problemstillingerne indleder han de afslut-
tende bemærkninger således:

"Vi har nu betragtet de fire klassiske teorier om sjæl-legeme-pro-
blemet. Hermed kunne det se ud som om vi har fået en udtøm-
mende oversigt over de rationelt mulige standpunkter. ... Men så
synes der unægtelig at være opstået den mærkværdige situation at
... samtlige mulige standpunkter kan påvises at være uholdbare!"

Klawonn viser altså at et grundlæggende problem med verden ikke kan
løses inden for de rammer hvor det søges løst.

Tilsvarende for fænomenet 'bevidsthed'. På s.21 i Klawonns bog finder man:

"I ontologisk forstand er bevidsthed noget ... om det så er en østers
eller en regnorm".

En anden filosof, Susan Blachmore leder i *Consciousness*[2] også efter be-
vidstheden og finder (dvs. snarere finder ikke noget), p.131:

"Consciousness, then, is a grand delusion. It arises through such
questions as "Am I conscious now?"".

Bevidstheden søges af dem begge som om den bør kunne findes 'derude'. Den ene finder alt den anden intet, selvom de arbejder på samme filoso-fiske grundlag. De leder blot ud fra den forestilling at der må være noget uden at gøre sig klart hvad de leder efter.

I vores nuværende videnskabelige paradigme er 'at forstå et fænomen' at beskrive fænomenet set udefra på en måde at det kan indpasses i en accepteret større sammenhæng.

Bevidstheden rejser selv problemet om sig selv i sig selv og leder derpå efter sig selv uden for sig selv. Hvad finder den så dér? Ingen ting! "Be-vidsthed er nok det mest undersøgte emne i psykologien, men til trods herfor det vanskeligst forståelige"[3]. Bevidstheden kan ikke se sig selv udefra, så der er ikke noget at forstå i den betydning af 'forstå' hvormed den søges. Bevidstheden er et mirakel for sig selv, og eksisterer ellers ikke.

Så fik jeg præsenteret hvordan jeg prøver at tænke kritisk alternativt. Læseren må være villig til, i det mindste forsøgsvis, at tænke med på nye måder hvis fortsat læsning skal give mening.

Det er selve forståelsen af hvordan filosofi og videnskab skal dyrkes, der skaber mange problemer.

No problem can be solved from the same level of consciousness that created it.

Albert Einstein

Sentensen siger at problemer kan opstå i bevidstheden som følge af det grundlag hvorpå den opfatter verden. Og sådanne problemer kan natur-ligvis ikke løses på det selvsamme grundlag. Et sådant problem har rod i bevidstheden, ikke i verden. Denne sentens udtrykker præcist mit syn på mange problemer og vil blive gentaget flere gange.

'Bevidstheden' som problem er skabt af bevidstheden selv og problemet kan derfor ikke løses. For det er der ikke, ikke i verden i hvert fald.

Har vi overhovedet en bevidsthed?

Vi bruger begrebet, og med ordenes betydning i det sprog vi kommunikerer med, har vi en bevidsthed, i hvert fald i og med vi begynder at tænke med sprog. Når vi tænker, må vi have en bevidsthed. Vi tænker videre. Altså:

Vi har en bevidsthed.

Hvorfor har vi en bevidsthed?

spørger bevidstheden. Spørgsmålet er meningsløst. Bevidstheden må være der, for at bevidstheden kan stille spørgsmålet. Den er der bare! Det karakteriserer jeg med ordet 'mirakel'. Mirakler behandles i Afsnit 2.

Bevidsthedens faktum er *principielt* uforklarligt for den selv.

Hvad er bevidstheden?

spørger bevidstheden. Svaret må gives ved at bevidstheden ser ind i sig. Så ser den sig selv som i et spejl og kan helt tomt (prøv selv!) selvrefererende blot bekræfte at der må være noget (Blackmores konklusion), ikke hvordan den skal forstå sig selv.

Bevidstheden er hvad den er uanset hvad den er.

Bevidstheden er den ultimative selvreference

Selvreference indebærer uafviselige logiske problemer.

'Denne sætning er falsk' er en helt korrekt anvendelse af ord og begreber. Men den modsiger sig selv.

Det kan siges sjovere: Bertrand Russel lader en menig soldat få ordren: "*Du skal barbere alle de menige som ikke barberer sig selv*" en meningsfuld ordre - indtil han kommer til sig selv.

Og avanceret: Gödels sætning[4] om at der kan opstilles korrekt formulerede påstande inden for et lukket (selvrefererende) matematisk system byggende på de hele tal hvis sandhedsværdi ikke kan afgøres.

Vores logik kan altså ikke nødvendigvis gennemføres til en tilfredsstillende afklaring af ethvert fornuftigt stillet spørgsmål. Selv ikke inden for matematikken.

Selvreference kan forekomme helt problemløst, f.eks. 'denne sætning er dansk'. Selvreferencen i de to første eksempler ovenfor kortslutter logikken, men har derudover ikke yderligere implikationer.

Med bevidstheden har vi at gøre med den ultimative selvreference, selvreferencen er fundamental og definerende. *Bevidstheden eksisterer kun som selvoplevelse*, indefra, som intern selvforståelse. Hvor skulle dens selvforestilling ellers komme fra?

Videnskabeligt set er bevidstheden et mirakel. Videnskaben er afmægtig, for den leder efter bevidstheden ude i verden[5], dvs. set udefra.

Problemet med bevidstheden følger af at der ikke sondres mellem verden set udefra og oplevede indre fænomener. De sidstnævnte søges behandlet på samme måde som, og sammen med, alle andre problemer. Alt under én hat. Dette er ikke muligt. Altså må vi udvikle *en anden forståelse af forståelse*.

Og det er denne bogs bestræbelse.

For Søren Kierkegaard er selvreferencen og logikkens afmagt den nødvendige vej til en forståelse af mennesket[6].

1. Bevidstheden

Forskerzonen[7], som har hjerneforskning på basis af neurovidenskab som videnskabeligt grundlag, kalder bevidstheden "...*én af videnskabens og filosofiens største udfordringer*". Og tilføjer: "*neuronernes sprog vil aldrig nogensinde kunne krydse eller forklare kløften mellem den fysiske verden og den ikke-fysiske oplevelses tilsyneladende beskaffenhed*".

Men foran denne uovervindelige kløft fortsættes der alligevel således:

"*Min forskergruppe ved University of Sussex, Storbritannien, deler be-vidsthedsproblematikken op i tre dele ... Håbet er at bygge forklarende broer fra mekanisme til fænomenologi ... for at skabe en videnskabelig redegørelse for bevidsthed.*" - Og så bliver analysen for alvor indviklet, "*en bog er endda på vej!*".

Som forfatterne selv siger: "*neuronernes sprog vil aldrig nogensinde kunne krydse eller forklare kløften...*". **Altså må vi indse at vi har at gøre med to disjunkte kategorier,** '*neuronerne*' som genstand for forskning '*udefra*' og '*den ikke-fysiske oplevelse*', som jeg kalder 'indre oplevelser'. Kløften kan principielt ikke overskrides.

Modsat Forskerzonen drager jeg konsekvensen af denne indsigt og be-handler fænomenerne **på basis af en komplementær forståelse.** Hvad der ligger i det, vil blive klargjort i Afsnit 3 hvor komplementaritet inddrages som et helt nødvendigt og hidtil ukendt begreb for at kunne forholde sig til kvantemekanikkens fundamentale udfordring uden at trodse logikken. Visse filosofiske problemer, hvis fremtoning betragtet indefra og udefra synes at modsige hinanden, kan også behandles med en komplementær tilgang uden at trodse logikken. Vi er altså her på spo-ret af noget afgørende. Det tages op senere.

Behandling af "...*én af videnskabens og filosofiens største udfordringer*", bevidstheden, foretages i vor tid ved at forsøge at trodse kløften hvilket forskerne selv har erklæret umuligt. Artikler om bevidstheden eksplode-rer på basis af gamle tanker og nye neurofysiologiske eksperimenter som kun yderligere har kompliceret problemet. Det bare vokser og vokser.

Mere end 16.000 videnskabelige artikler med ordet 'bevidsthed' i over-skriften, lyder en optælling fra 2020. Igen en klar indikation på at problemet behandles inden for rammer hvor det ikke kan løses.

Klawonn udtrykker i sit afsnit om dualismen, s.21 i sin bog citeret i indledningen (om østers og regnorme), at dyr må besidde bevidsthed når de reagerer synligt på omgivelserne. Opfattes 'bevidsthed' blot sådan, så bliver det bare et andet ord for at reagere på omgivelserne; man kommer ikke nærmere den bevidsthed Klawonn tilsyneladende søger.

For os mennesker er reaktionerne imidlertid forbundet med indre oplevelser som kan være meget stærke. Højerestående dyr viser tilsvarende alle tegn på også at have disse oplevelser[8]. Det er oplagt at tilskrive dyr sådanne oplevelser når vi ser reaktioner vi i den grad genkender fra os selv. Men vi kommer ikke derved nærmere en forståelse af de indre oplevelsers *"tilsyneladende beskaffenhed"* hverken hos dyr eller medmennesker. Det er stadig 'set udefra'.

Vi kan aldrig krydse grænsen mellem en iagttagelse udefra af virkningen af disse ikke-fysiske indre oplevelser og deres eksistens som det de er. De eksisterer i deres egen ret, og de er strengt personlige. Jeg kan fortælle om mine indre oplevelser, men de eksisterer ikke som sådanne for andre end mig selv. Jeg ved hvordan jeg oplever og genkender farven 'rød'. Jeg kan ikke vide, ejheller anstille forsøg som kan afsløre, hvordan andre oplever den. For neurovidenskabelige metoder er mine indre oplevelser uden for rækkevidde. For mig er de virkelige.

Her optræder igen den kategoriske skelnen mellem ydre og indre iagttagelsespositioner som også er fundamentet for behandlingen senere i bogen af det psyko-fysiske problem og problemet med viljens frihed, og som sammen med en komplementær tilgang lader problemerne gå i opløsning.

Vi er ikke i tvivl om at vi har en bevidsthed. Det er en sikker indre oplevelse. Den menneskelige bevidsthed fremstår imidlertid som noget principielt mere end blot de indre oplevelser som vi opfatter at have fælles med dyrene. Vi har nemlig oveni *det mirakuløse sprog hvormed vi meningsfyldt for os selv kan give udtryk for disse indre oplevelser.*

Det er med sproget vi definerer os selv, Afsnit 8, 9, og udtrykker vores virkelighedsopfattelse, Afsnit 4. Det er også med sproget vi må søge at give indhold til den specifikt menneskelige bevidsthed. Uundgåeligt bevares selvreferencen altså i selve definitionen af vores bevidsthed.

Vores handlinger kan opdeles i bevidste og ubevidste handlinger hvor sproget er afgørende for sondringen. Ifølge almindeligt sprogbrug er de bevidste handlinger dem vi kan sætte ord på, og ofte ledsager vi dem med en sprogbaseret begrundelse, udadtil eller bare i tankerne. De ubevidste handlinger udføres bare, uden ledsagelse af noget sprogligt.

Yderligere i overensstemmelse med vores sprogbrug er vi bevidste i det øjeblik vi sætter ord (i tanke eller tale) på vores indre oplevelser. Dermed kan jeg give en definition på den specifikt *menneskelige* bevidsthed, i resten af bogen blot 'bevidstheden'.

Definition: *Bevidstheden er vores indre oplevelser udtrykt i vores abstrakte, ordbårne, logiske sprog.*

Der er altså to mirakler involveret.

1. **De indre oplevelser**, som uforklarligt opstår som følge af sanseinput fra den ydre verden.

2. **Sproget**, som kan udtrykke de indre oplevelser.

Bevidstheden er altså i min forståelse ikke en særlig substans eller tilstand eller knyttet til en særlig kirtel eller en specifik struktur i hjernen. Det er ikke noget der kan findes ved at søge. Det er betegnelsen for de to mirakler som er kendsgerninger i vores liv.

Definitionen gør bevidstheden dynamisk. Når nye såvel som gamle problemer efterhånden finder deres løsninger, udtrykkes de i sproget, og det er så bevidstheden der tilpasser sig.

Et abstrakt sprog indeholder elementer, ord og grammatik som ved kombinationer muliggør udvikling og nuancering af tanker og meddelelser og kommunikation uden grænser. Grænseløst er det også med hensyn til de grundelementer det kan betjene sig af, f.eks. matematik $a^2 + b^2 = c^2$ eller fysik $E = mc^2$ - en forsigtig antydning af et enormt indholdsfuldt sprog i sig selv uden grænser[9].

Sproget i andre helt forskellige sammenhænge:

- At gøre sproget lig med bevidstheden om verden er i overensstemmelse med Bohrs konklusion på den kvantemekaniske indsigt (s. 30).

- "Cassirer, Heidegger, Wittgenstein og Benjamin deler den grundlæggende intuition, at mennesket må forstås som et sprogligt væsen[10]". Ved sproget adskiller mennesket sig fra resten af dyreriget.

- Johannesevangeliet siger noget dybt om ordet, sproget og det skabte.

  v1 *I begyndelsen var Ordet, og Ordet var hos Gud, og Ordet var Gud... v2 Han var i begyndelsen hos Gud.   v3 Alt blev til ved ham, og uden ham blev intet til af det, som er.   v4 I ham var liv, og livet var menneskers lys.   v5 Og lyset skinner i mørket, og mørket greb det ikke.*

Det lægger sig helt ind i nærværende sammenhæng hvis man - helt oplagt - i stedet for 'ordet' skriver 'sproget', i stedet for 'Gud' skiver 'Miraklet' og i stedet for 'lyset' skriver 'bevidstheden':

  v1 *I begyndelsen var sproget* (=bevidstheden), *og sproget udsprang af Miraklet, og sproget var Miraklet. v2 ... v3 Alt blev til ved Miraklet* (=virkeligheden blev til ved sproget), *og uden Miraklet, blev intet til af det, som er.   v4 I Miraklet fandtes liv, og i livet var menneskers bevidsthed.   v5 Og bevidstheden oplyser mørket,* (skaber virkeligheden)...

De 5 første vers af Johannesevangeliet gør – med mine synonymer – sproget, det eksisterende og bevidstheden til forskellige udslag af Miraklet. Universet, det eksisterende, som vi kan kende det, skabes af vores bevidsthed = lyset. 'Der blive lys' = 'Der blive bevidsthed' er selve skabelsesbesværgelsen (Genesis).

Virkeligheden er skabt, idet vi har set lyset! - har fået bevidsthed, har fået *ordet*.

Det må være indsigten som prologen i Johannesevangeliet åbenbarer. Men afgørende: I den rette oversættelse[11]: *"I begyndelsen var **Ordet**."*

Hvis vi fastholder at bevidstheden er de indre oplevelser udtrykt ved sproget, så synes Johannesevangeliet ligefrem at udtrykke at verden for mennesket opstår ved sproget. Altså

Ingen verden uden bevidstheden, ingen bevidsthed uden verden.

Forholdet mellem bevidsthed og virkelighed behandles i Afsnit 4.

Tegnsprog er også et abstrakt sprog.

Men kropssprog og kunstens sprog er det ikke.

Med kropssproget kommunikerer vi - og dyrene indbyrdes, og vi med dyrene og omvendt, for vi hører også til dér - umiddelbart med hinanden uden om bevidstheden.

Vi mennesker kan tolke kropssprogets meddelelser og inddrage dem i bevidstheden idet vi formulerer ord, tavst eller udlægger dem for andre. Men kropssproget kan rumme og foranledige meget mere – og gøre det meget hurtigere – end hvis vi skulle udtrykke det med ord, og om det er vi ubevidste så længe vi ikke sætter ord på.

For kunstens sprog gælder tilsvarende. Kunst, aller Art, har umiddelbart meddelelser til os uden om bevidstheden. Hvis vi forsøger at tolke og analysere med ord, træder bevidstheden til, og kunst*oplevelsen* svækkes i samme grad som analysen griber om sig. Oplevelse og analyse af kunst er komplementære tilstande.

Bohr påpeger noget tilsvarende: *"Vi kender alle det gamle visdomsord, at når vi prøver at analysere vore egne følelser næppe har dem mere."* [12]

Dyrene har et ofte forbløffende avanceret signalsystem som kan kaldes et sprog, f.eks. biernes dansesprog. Men det er ét signal og én konkret betydning. Vi har et abstrakt og grænseløst sprog. Men det er også den eneste principielle forskel. I min indkredsning af fænomenet 'menneske' spiller ligheder mellem træk hos dyr[13], tydeligt hos de højerestående, og mennesker en afgørende rolle. Tag sproget fra homo sapiens, og vi adskiller os på ingen måde fra det øvrige dyreliv.

Dyrenes kroppe – og vores, naturligvis – fungerer i overensstemmelse med naturlove, her biologiske mekanismer. Når udvalgte dele af den ydre verden optages i kroppen til en meget detaljeret selekterende behandling, og resterne ledes tilbage til hvor de kom fra, kalder vi det et resultat af biologiske mekanismer.

Med min indkøbsseddel i hånden så jeg lige uden for mit køkkenvindue solsorten lande med materiale til redebyggeriet. Kært syn!

Når mekanismerne involverer verden helt uden for kroppen - som for solsorten på vej ind til det sted den har udset sig til redebyggeriet - kalder vi det instinkt, men vi kan stadig tale om biologiske mekanismer. De kan beskrives, men næppe forklares. Når jeg finder min indkøbsseddel frem og tager til Fakta og køber ind, kan det naturligvis karakteriseres som instinkt af nøjagtig samme art.

Solsorter jeg har fulgt - og de hunde og katte jeg har levet sammen med - har helt åbenbart haft et følelsesliv af samme art og dybde som mit. I følelseslivet oplever vi og dyrene livet.

Vi har bare til forskel fra solsorten et sprog hvori vi kan udtrykke vores iagttagelse af det vi gør, spontant i samme øjeblik vi iagttager det. Sproget kroner vores livsoplevelse. Når vi iagttager vores handlinger og udtrykker dem i sprog, udbygger det vores 'jeg', idet vi danner vores personlighed omkring vores handlinger. Vi *er* vores handlinger og må tage ansvar for dem for at forsvare os selv. "Det var mig der gjorde det (jeg gik til Fakta). Det var mit valg". Når andre handlemuligheder er til stede (jeg kunne blive hjemme), vil jeg betragte valget som frit. 'Vilje' er følelsen af at forårsage handlingen så vi kan tage ansvar for den og være os selv, og nix weiter. Dog viderebehandles det grundigere i afsnit 10.

Dyrene fungerer perfekt helt uden en bevidsthed som vores. Vi *oplever* bevidstheden som vores konstruktive og retningsvælgende livsgrundlag fordi vi kan sætte ord og tanker på. Men det er alt sammen en følge af vores handlinger. Evolutionært har biomekanismer fået livet til at udvikle sig fra det allersimpleste og helt op til mennesket uden bevidstheden.

Det er ikke vores bevidsthed som sikrer os overlevelse. Måske snarere tværtimod. De muligheder som evolutionen har skabt i form af vores abstrakte sprog, eksperimenterer den med på livet løs i vor tid. Det har ført til en ny geologisk tidsalder, antropocæn, og nu har det også ført til en klimakrise, og det kan føre til vores endelige selvdestruktion.

Ellers(!) gør vi intet som ikke også dyrene gør.

Mange af de problemer videnskaben tumler med og ser beroende i verden, opstår som sagt som følge af den måde den går til verden på, altså i et samspil mellem bevidsthed og verden.

Men bevidstheden opfattes slet ikke som på én gang føjelig og definerende hjemsted for vores virkelighedsopfattelse i aktuel videnskab.

Det var ellers her løsninger skulle søges.

Når man mener man kan finde bevidstheden ude i verden, så har man en a priori antagelse om at bevidstheden eksisterer i en bestemt form. Den skal bare findes. Den kan ikke tænkes anderledes.

Men kan bevidstheden, hele vores selvforståelse og verdensforståelse, virkelig tænkes fundamentalt anderledes? Kan menneskelivet leves på et fundamentalt anderledes paradigmatisk grundlag?

Ja! Vi behøver ikke fantasere over hvordan bevidstheden i fortiden opfattede verden og sig selv. Det er ellers også en lærerig træning at tænke i fremtidig forlængelse af en historisk udvikling. Ej heller behøver vi gå til isolerede nulevende stammers shamanisme etc.

Vi kan fremdrage to nutidige og uomtvisteligt dybe erfaringer vedrørende bevidsthedens rolle og vilkår. De afslører den aktuelle tænkemåde som potentielt erstattelig. Det er østlig filosofi og kvantemekanikkens implikationer for bevidstheden med udgangspunkt i Niels Bohrs tolkning som – skal det vise sig i Afsnit 3 - kræver en transformation af bevidstheden.

Østlig filosofi.[14]

Hvad vi i Vesten opfatter som den sandeste virkelighed, den naturvidenskabeligt fastslåede, er for mange østerlændinge en illusion. Østlig filosofi, den buddhistiske f.eks., tilstræber gennem mental træning at opnå en mental frihed for illusioner, fri for jeg-oplevelsen og fri for de tanker som normalt opretholder jeg-forestillingen og holder bevidstheden fast i tid og rum. Ved at opnå mental tomhed opnås den universelle bevidsthed, oplevelse af altet og af fylde, den højeste bevidsthed. *Det* er også en mulighed for bevidstheden.

Denne filosofi har en historie som er mindst lige så gammel som vestlig filosofi, og den er dyrket med ikke mindre intensitet og seriøsitet. Der er en voksende interesse for hvad østlig filosofi kan berige vesten med. Men der er langt fra tale om et gennembrud. Vi kan her blot konstatere at den i sandhed er et helt andet sted end vesting filosofi.

Vestlig filosofi

Mens østlig filosofi kontemplativt når til et holistisk verdenssyn, så er vestlig filosofi og videnskab præget af Platons dualisme med den uden-forstående iagttager over for verden. I hulelignelsen er de lænkede fan-ger, som kun ser skygger af den grundlæggende verden, idéernes, sind-billedet på mennesket som distant iagttager af verden. Den position har kvantemekanikken imidlertid umuliggjort, se senere i Afsnit 3. Filosofisk kom giganten Platon til at sætte rammerne for vestlig filosofi i en grad, så filosoffen Whitehead (1861-1947) kunne konstatere, at "den sikreste beskrivelse af den europæiske filosofitradition er, at den består af en række fodnoter til Platon"[15].

Disse rammer blev i renæssancen afklarende genfødt af Descartes; de behandles i Afsnit 6. Men lige her, hvor vi problematiserer bevidstheden, kan det være interessant at se på virkningen. Det har nemlig slet ikke blot teoretisk betydning hvordan man tænker om verden.

Det er umuligt at forestille sig et stammefolk med et tæt samliv med naturen og østlige kulturer med det oprindelige holistiske verdenssyn ud-vikle sig eksplosivt selvødelæggende. Det er imidlertid det vi ser i den vestlige verden (og nu også i den østlige) som manisk selvberigende ud-nytter naturen uden at forstå at vi uafvendeligt tager fra os selv. Og helt ubehjælpsomt forestiller vi os at mere af det samme, materiel vækst og videnskabelig reduktionisme, skal redde os.

Udfordringen er fundamental. Uden en radikal ændring af vores selvop-fattelse i forhold til naturen vil vi ikke kunne løse klimaudfordringen, se videre s.60-61. Skulle min tekst vække teoretisk nysgerrighed, så er det meget vigtigere hvis den kunne rykke...

Fysikken

Fysikken arbejder efter den mest fundamentale og logisk grundfæstede metode inden for vores vestlige kulturs videnskaber. Arbejdende på dette solide grundlag mødte fysikerne med ubønhørlig konsekvens en verden som var totalt anderledes end den de troede de levede i. Nobelpristager og en af de mest indflydelsesrige amerikanske fysikere i det 20. århundrede med uvurderlige bidrag til teorien for kvanteelektrodynamik, Richard Feynman, siger

> "Jeg mener jeg med sikkerhed kan sige, at der er ikke nogen der forstår kvantemekanik... Lad være med at blive ved med at sige til dig selv "Jamen hvordan kan det lade sig gøre?" for du bliver trukket ind i en blindgyde hvorfra ingen endnu er undsluppet. Ingen ved hvordan det kan lade sig gøre" [16]

I Afsnit 3 præsenteres det eksperiment som Feynmans sigter til.

Et sådant udsagn - og advarslen mod at stille spørgsmål, en særpræget videnskabelig doktrin! - fra netop Feynman må i sig selv være tilstrækkeligt til at dokumentere at kvantemekanikken slet ikke er indpasselig i vores aktuelle verdensbillede, og et nyt må etableres.

Man kan ikke bare lade være med at stille spørgsmål. Så dette dilemma vil vedvarende udfordre bevidstheden indtil den finder sig selv i en ny form i et nyt paradigme hvor dilemmaet er forsvundet. Kvantemekanikken fordrer af os at vi omformer vores bevidsthed.

At indstille sig på et nyt paradigme udfordrer fundamentale forestillinger om os selv og det vi tror på. Vi må nærmest undergrave gængs "sund fornuft" for at åbne for dybden i den kvantemekaniske udfordring og blive parate til at tænke helt nyt.

Jeg har allerede udfordrende(?) brugt fænomenet mirakel. I næste afsnit uddybes accepten af fænomenet mirakel som forberedelse til yderligere at slippe tankerne løs. Så kan vi forsøge om vores 'jeg', mens det er til, kan udtænke et verdensbillede hvor nogle af de uløselige problemer ses i et nyt og bedre forståeligt lys.

2. Mirakler

Ved 'mirakel' forstår jeg et fænomen som er uomgængeligt og samtidigt *principielt* uforklarligt inden for de rammer hvori man tænker. Mirakler er ikke velsete i videnskaben. De opstår, men de behandles ikke med henblik på at finde udveje, for det er ikke sådan man forklarer verden. De flere tusinde år gamle problemer som endnu ikke er løst, må vi vel snart anse for *principielt* uforklarlige inden for de rammer hvori vi tænker. Altså mirakler. Ligeså kvantemekanikken for Feynman.

Men standser vi dér, så indskrænker vi vores opmærksomhed på verden og overser at de i stedet for at være den mur som vi stedse løber panden mod, kan være døren ind til en ny tænkning.

Med et radikalt andet videnskabeligt paradigme kan visse mirakler forsvinde. Paradigmeskiftet omkring Newtons love kan tjene som eksempel: Se hvad Newton selv sagde om sine nye ideer (Uddrag af breve fra Newton til Richard Bentley, 1693, i min oversættelse)[17]:

> *"At et legeme kan virke på et andet på afstand gennem vacuum uden at betjene sig af noget som helst gennem hvilket deres virkning og kraft kan formidles fra det ene til det andet, er for mig så absurd en tanke at jeg tror intet menneske som har anlæg for at tænke fornuftigt, kan tilslutte sig den."*

Det må have stået som et mirakel for Newton at hans love virkede. Men han veg ikke tilbage fra at acceptere det. Og senere generationer kan slet ikke se problemet. Det kan jeg, som livslangt har undervist unge mennesker i Newtons love, bevidne. No problem!

I renæssancen forlod man den gamle aristoteliske verdensforklaring og efter Newton konsoliderede den klassiske fysiks paradigme sig[20].

Oven i over 2000 år gamle problemer som den frie vilje og det psykofysiske problem kommer nu pludselig kvantemekanikken som helt anderledes øjeblikkeligt og knivskarpt sætter os kniven for struben.

Nu står vi altså med en atomar verden som ikke kan forstås i vores nu-
værende verdensbillede og med et mere end 2000 år gammelt filosofisk
grundlag, som ikke muliggør løsning af lige så gamle problemer.

Det er imidlertid problemer som kan fjernes. Som jeg ser det, er disse
"mirakler" opstået som følge af et vedtaget, men ufravigeligt videnska-
beligt krav at verden skal forstås alene ved en beskrivelse set udefra af
en fra verden løsrevet iagttager. I løbet af bogen vil dette krav gradvist
blive ophævet.

Feynman udtrykker tydeligvis tilstanden foran et paradigmeskift. Efter
paradigmeskiftet kan vi slet ikke se problemet. (Men det bliver ikke os.)

Udfordringen fra den atomare verden i begyndelsen af 1900-tallet var af
en fundamental karakter uden sidestykke i menneskehedens historie.

Pionererne i udviklingen af kvantemekanikken så dybt, ja det kan synes
som helt til bunds, i naturens – og bevidsthedens - væsen og blev slået
omkuld af den nye virkelighed. Men de rejste sig igen med den dybeste
indsigt i de store filosofiske implikationer af deres nye viden. Jeg har med
glæde fundet overvejelser[18] af Max Planck som må gøre dem mindre kon-
troversielle når de også dukker op hos mig.

Men problemet med de filosofiske implikationer har fortonet sig i begej-
stringen over hvor fantastisk kvantemekanikken fungerer[25] instrumentelt
- og alt det den kan bruges til. Men måske også fordi virkeligheden synes
så absurd? Efter 100 år er vi slet ikke nær en afklaring.

Andre mirakler bør skifte status til principielt uproblematiske vilkår alene
på grund af den totale selvreference:

1. Det ultimative mirakel er universets eksistens; hvorfor er der over-
   hovedet noget? I det spørgsmål erklærer jeg mig som kreationist, se
   selv[19]! Vi kan ikke stille os uden for vores eksistens og spørge hvorfor
   vi (universet) overhovedet eksisterer. Det må bevidstheden accep-
   tere som et vilkår inden tankevirksomhed overhovedet kan begynde.

2. Bevidstheden må til alle tider udefra ses som et mirakel. Men dens
   eksistens set indefra er et uproblematisk vilkår.

3. Måske er du selv et mirakel, ja, hvem tror du egentlig du er?

Ofte hørt: "Hvis ikke din far og mor havde mødt hinanden, var du aldrig blevet født". Var du så blevet født af andre forældre? Nej, så var det bestemt ikke dig, det giver slet ingen mening.

Nu mødte din far og mor hinanden, men du er ikke et nødvendigt resultat af det møde. Du kan have søskende af samme møde.

Nå, men så er det måske kombinationen af en bestemt sædcelle og et bestemt æg, der har resulteret i dig? Det kan også straks afvises, for enæggede tvillinger udvikler helt separate 'jeg'er. Ja, det er vanvid at knytte netop dit 'jeg' til din krops gener.

Jamen, hvorfor blev så netop *du* født? Svaret er at det blev du heller ikke! Det var ikke *dig* der blev født. Et nyfødt barn er ikke nogen. Du *blev* dig efterhånden som du kunne sætte ord på de *indre oplevelser* som bevidsthedsmiraklet skabte i dig som følge af din eksistens i verden. Først da opstod dit 'jeg'.

Men hvor kommer det så fra at det blev netop *dig*? Ja, hvem tror du egentlig du er? At dine forældre mødte hinanden er en nødvendig betingelse for dine *ydre* personlige karakteristika. Men det er ikke det der er på tale her. Det er din *indre* oplevelse af netop dit enestående 'jeg', og for det kan en tilstrækkelig betingelse ikke findes. Det opstår ud af den blå luft i den på total selvreference hvilende mirakuløse bevidsthed.

Men *hvis* nu dine forældre *ikke* havde mødt hinanden, var du så nogen sinde kommet til verden? Tilsvarende tilbage i dit stamtræ til den første kønnede formering, var du så nogen sinde kommet til verden?

Dér var du søreme heldig!!

Du er en forbigående, unik, mirakuløs bevidsthed, til låns for evolutionen. I den tid du har, danner du dig en forestilling om din eksistens som 'dig' og et verdensbillede som du arbejder med på, og du giver dine bidrag videre til de næste generationer, alt under påvirkning af den kultur du er i. I andre kulturer opstår andre 'jeg'er med samme selvfølgelighed, men med andre verdensbilleder med samme ret som dit.

Da disse tre "mirakler" er helt fundamentale og urørlige, bør de ikke optage vores filosofiske nysgerrighed. De er vilkår, og vi går bare videre respekterende den forståelse.

Dermed er der gjort klart til at tage fat på det på s.2 annoncerede projekt.

Det afgørende udgangspunkt er Bohrs komplementaritetsbegreb s.27. Det introducerer en helt ny forklaringsmodel som kan håndtere tilsyneladende modsætninger uden at trodse den logik vi må kræve af sproget. Det introducerer også nye vilkår for erhvervelse af viden og dermed arten af viden som kan opnås hvis den kvantemekaniske belæring tages efterretteligt, s.29.

På dette nye grundlag afmonteres det psyko-fysiske problem, Afsnit 6, og problemet om viljens frihed, Afsnit 7. I den forbindelse behandles Libets forsøg, s.49, hvis udfald har sat hjerneforskningen på den anden ende, s.51, men som er helt som det skal være på mit grundlag, s.52.

Disse resultater kunne være tilstrækkelige anledninger til at udløse et paradigmeskift.

Men hos mig bygger det helt uomgængeligt her og nu på den kvantemekaniske belæring.

3. Kvantemekanikken

Det begyndte alt sammen i de omvæltende første tre årtier af 1900-tallet med opdagelsen af radioaktiviteten kort inden som første antydning.

I slutningen af det 19. århundrede var den herskende forestilling blandt fysikerne ellers, at man snart var nået til den endelige forståelse af verden. Denne vanvittig hybris blev gjort til grotesk fortid i år 1900 ved Plancks opdagelse af den elektromagnetiske strålings kvantisering. Kvantisering er nøglebegrebet som skulle få den revolutionerende betydning. Derfor følger nu et længere afsnit om den fysik som direkte tvinger vores bevidsthed til at søge nye veje.

Da de første atomare fænomener viste sig, troede man slet ikke man ville kunne nærme sig en forståelse af disse, da de foregik i en verden som var utilgængelig for os på grund af vores grove makroskopiske sanser og hjælpemidler. Men det viste sig alligevel at man kunne arrangere disse makroskopiske hjælpemidler, så de atomare fænomener kunne give sig til kende på forskellig vis.

Men det man så, voldte enorme vanskeligheder, og forståelsen blev af en helt anden art end man var vant til. Den atomare verden afslørede træk som stred fuldstændigt mod det man troede var ubrydelige egenskaber ved naturen[20]. Nye træk var ikke bare diskontinuitet og indeterminisme. Atomfysikken afslørede også tilsyneladende modsigelser i naturen.

Den eksemplariske forsøgsopstilling til demonstration af disse modsigelser er dobbeltspalteeksperimentet med elektroner. Se denne video[21]! Elektronerne registreres punktvis, dvs. som partikler, på en fotografisk plade, men på en sådan måde at de undervejs forbi en dobbeltspalte har optrådt som bølger. De lander nemlig som resultat af bølgeinterferens bag spalterne. Elektronerne kan afskydes enkeltvis, så den enkelte elektron må, helt absurd for 'sund fornuft', have passeret gennem begge spalter, for den har interfereret med sig selv inden den landede som partikel på den fotografiske plade.

Men:

Hvis man prøver at spore elektronen ved spalterne, og det kan man, så finder man at den som partikel passerer gennem kun den ene af spalterne. *Og samtidigt forsvinder bølgeadfærden*, interferensen. Dvs. når den ses som partikel ved spalterne, forsvinder dens bølgekarakter. Vi kan altså ikke på en gang registrere elektronen som partikel og bølge ved spalterne. Det er enten-eller.

Det er essensen i komplementaritetsprincippet[22]. Når de to uforenelige fremtrædelser, bølge/partikel, af samme fænomen, elektronen, ikke kan forekomme samtidigt, så modsiger verden ikke sig selv. Så er det bare os til at acceptere, at sådan er det. Så kan vi med sprogets logik i behold snakke om det vi ser. Men det er godt nok en mærkelig verden. Det er faktisk dette eksperiment Feynman kommenterer på side 18.

Og tilbage står *"Jamen hvordan kan det lade sig gøre?"*
Det svar kan ikke gives inden for den nuværende tænkemåde. Den gennem årtusinder tilvante – og hidtil velfungerende – forestilling, at verden kan beskrives udefra og fremstå som det den er i sig selv, har vist sig umuliggjort af kvantemekanikken. Her er det ikke en af iagttageren uafhængig verden der viser sig for os. Valget af opstilling er nemlig afgørende for hvorledes fænomenet, in casu den atomare verden, fremtræder for os.

Verden som den fremstår for os er uløseligt forbundet med os selv. Vi er en uadskillelig del af verden. Også som iagttagere af verden – naturligvis!

Her ligger vanskeligheden ved at acceptere kvantemekanikken. Det er tilmed fristende at lade problemet ligge, for man kan nå langt ved at arbejde fra den klassiske position. Feynman har fået en Nobelpris for sit arbejde med kvanteelektrodynamik. Men dybest set forstår han jo ikke hvordan det kan lade sig gøre. Heller ikke Einstein ville tage springet væk fra den klassiske position.

Kan vi blive ved med at acceptere ikke at forstå hvordan det kan lade sig gøre og bare sige: Lad være med at spørge!?

Hvordan kom det dertil, og kan vi komme videre?

Efter Plancks opdagelse af den elektromagnetiske strålings kvantisering i år 1900 var tavlen helt blank. Den første store, afgørende nye teoridannelse var Bohrs model for brintatomet fra 1913. Fundamentale klassiske forestillinger måtte forlades, og de totalt nye forestillinger gav en forbløffende god beskrivelse af atomets egenskaber. Mange hypoteser og inspirerende sammenhænge opstod herefter punktvis, men en egentlig samlet teoretisk afklaring var en voldsom intellektuel udfordring.

I løbet af efteråret 1926 og de første måneder af 1927 fandt et gennembrud sted på Bohrs institut i København. Store forskelle og stor gensidig respekt var brændstoffet der førte Bohr og Heisenberg stadig dybere ind i de helt nye udfordringer. Heisenberg, matematikeren, havde sin beskrivelse som var partikelbaseret, og den virkede. Den mente han derfor de burde kunne enes om. Men det var Bohr slet ikke parat til. De havde netop haft besøg af Schrödinger som havde en beskrivelse som var bølgebaseret. Den virkede også!

Bohr: *"Selv ikke den matematiske formalisme hjælper. Jeg må først forstå hvordan naturen undgår modsætninger[23]"*

Modsætningerne var at naturens grundbestanddele kunne optræde både som partikler og bølger. Udfordringerne gik dem på i en grad så der måtte ske noget drastisk. Bohr tog helt alene på en fire ugers skitur i Norge, og Heisenberg var glad for at blive ladt alene hjemme. For Bohr gjaldt det klar luft og højt til loftet. For Heisenberg var det papir og blyant.

Men de månedlange intense diskussioner havde modnet to afgørende dele af løsningen hos dem. Heisenberg fandt sine ubestemthedsrelationer, og Bohr vendte hjem med den filosofiske ramme, komplementaritetsprincippet, som muliggør at vores bevidsthed kan rumme verden uden modsigelser. De supplerede hinanden perfekt.

Komplementaritetsprincippet er den afgørende begrebsmæssige fornyelse som også efterlader os principielt uden mulighed for at distancere os fra naturen. Det er den nye fra den klassiske afvigende position. Vi kan ikke stille os uden for.

I *Atomfysik og menneskelig erkendelse*, Schultz, 1957, s 109-110, beskriver Bohr i generelle vendinger hvorledes den traditionelle filosofiske tænkning ikke er forenelig med iagttagelses- og erkendelsesvilkårene indeholdt i komplementaritetsprincippet:

> *På baggrund af den indflydelse, som den mekaniske naturopfattelse har udøvet på filosofisk tænkning, er det forståeligt at man fra mange sider har opfattet komplementaritetssynspunktet som rummende en med beskrivelsens objektivitet uforenelig henvisning til den subjektive iagttager. Selvfølgelig må vi på ethvert erfaringsområde opretholde en skarp adskillelse mellem iagttageren og indholdet af iagttagelserne, men vi må betænke at virkningskvantets opdagelse har stillet selve grundlaget for naturbeskrivelsen i ny belysning og belært os om hidtil upåagtede forudsætninger for den rationelle anvendelse af de begreber, på hvilke meddelelserne om erfaringerne hviler. I kvantefysikken er, som vi har set, en redegørelse for måleinstrumenternes funktioner uundværlig for definitionen af fænomenerne, og vi må så at sige drage skillelinjen mellem subjekt og objekt på en måde, der i hvert enkelt tilfælde sikrer den entydige anvendelse af de i meddelelserne benyttede elementære fysiske begreber. Langtfra at rumme en mod videnskabens ånd stridende mystik henviser betegnelsen komplementaritet blot til de med vor stilling ved beskrivelsen og sammenfatningen af erfaringerne på atomfysikkens område forbundne erkendelsesvilkår."*

Citatet er en understregning af **det definitive brud med den tidligere forestilling om erhvervelse af viden om verden**, og det vedrører præcis iagttagerens position og rolle i forhold til den atomare verden, dvs. bevidsthedens forhold til verden.

Bohrs snørklede udtryksfacon *"redegørelse for måleinstrumenternes funktioner [er] uundværlig for definitionen af fænomenerne,"* kan med en lille stramning udlægges: **I den udstrækning vi overhovedet kan komme i kontakt med atomare fænomener, er vi selv via vores valg af måleopstilling en definerende del af den viden vi får.**

Al viden om den atomare verden opstår i form af *irreducible helheder* mellem de atomare objekter og signalerne i vores makroskopiske, klassisk-fysiske instrumenter[34]. Vi får intet entydigt at vide om de atomare objekter i sig selv, kun hvordan de giver sig til kende i vores apparater. **Dér ser vi skillelinjen mellem objekt og subjekt. Skillelinjen var før mellem verden og eksperimentatoren. Nu er den mellem verden, *hvoraf vi selv er en del,* og sproget hvormed vi udtrykker hvad vi har gjort og hvad vi ser.** (jf. vores virkelighed, Afsnit 4)

Kravet er så at vi *"sikrer den entydige anvendelse af de i meddelelserne benyttede elementære fysiske begreber."* – altså at vi udvikler sproget, altså vores bevidsthed, i overensstemmelse med den nye skillelinje så meddelelserne bliver entydige og objektive. Se også citatet sidst i slutnoten[37]. Målet med eksperimenterne er dermed et ganske andet end i den klassiske fysik hvor eksperimenterne antages at beskrive verden som den er i sig selv.

Filosofien om verdens ontologi[30] får hermed en helt ny dimension.

Bohr pointerer ofte at formidlingen må foregå med dagligsproget. Umiddelbart vil jeg forstå dagligsprog som det sprog vi til dagligt taler sammen med. Men sproget til formidlingen af vores eksperimentalfysiske erfaringer må betyde sproget som jeg præsenterede på s.15. Kvantemekanikken er jo den sprog-symbolske tolkning[9] som fortæller os hvorledes de atomare objekter giver sig til kende i den makroskopiske verden. Det sprog optages også i vores bevidsthed, i dem af os som har lært det.

Følgende citater karakteriserer Bohrs opfattelse af erkendelse og sproget:

> *"Det er forkert at tro, at det er fysikkens opgave at finde ud af, hvordan naturen er. Fysik handler om hvad vi kan sige om naturen".*

og

> *"Vi er ophængt i sproget".*[24]

Med sproget udlægger vi vores oplevelser i verden og danner vores virkelighed, jf. næste afsnit.

I løbet af mindre end en generation blev konklusionen draget af Niels Bohr, Werner Heisenberg og andre. Men den voldsomme omvæltning var for andre uacceptabel - og i stigende grad uinteressant, for kvantemekanikken kan anvendes instrumentalistisk med overvældende succes. Den er helt uden konkurrence den mest omfattende og succesfulde verdensbeskrivelse menneskeheden har skabt[25]. Den virker - men den forstås ikke. Den strider mod sund fornuft!

Einstein forlod som sagt aldrig den klassiske position, og det var et varmt emne mellem ham og Bohr resten af livet. Mange *tanke*eksperimenter blev konstrueret som grundlag for diskussionen mellem dem. Men der manglede en mulighed for at afgøre sagen med et *faktisk* eksperiment. Sådan en mulighed blev i 1964 opdaget af John Stewart Bell (1928 – 1990, Nordirland). Så manglede der en eksperimentator som kunne gennemføre eksperimentet. Han kom i 1982 i skikkelse af den franske fysiker Alain Aspect[26] (f. 15.6.1947). Det afgjorde sagen. Bells betingelse[27] for at verden opførte sig fornuftigt, var ikke opfyldt! Det var voldsomt.

Aspect udtalte at han var stærkt forbløffet, og Bell har jeg oplevet i en videofilm give udtryk for sin totale afmagt mht. at forstå Aspects forsøgsresultat: *"Jeg har igen og igen læst de steder i Bohrs tekster hvor jeg mener han forsøger at forklare udfaldet. Det er sort snak for mig."*[28]

Disse reaktioner er helt på linje med Feynmans. Vi står i en situation som de fremmeste fysikere selv oplever som en uløselig udfordring.

Det er en udfordring af samme art som den Newton stod over for da tyngdekraften fremstod for ham som en kendsgerning der var *"så absurd ... at ... intet menneske som har anlæg for at tænke fornuftigt, kan tilslutte sig den."*

Men man vænnede sig til det, accepterede det, og så forsvandt problemet, jf. s.22.

Feynmans problem løses altså ved at indse at det ikke er et problem i verden når nu verden faktisk viser sig for os som dobbeltspalteeksperimentet demonstrerer. Det er et problem for vores bevidsthed og må inddrages i sproget gennem et paradigmeskifte.

Og elektronen? Hvad er den så når den ikke giver sig til kende som enten bølge eller partikel? Den indgår afgørende i kvantemekanikken i form af en matematisk repræsentation i beskrivelsen af atomer. Dvs. at i atomerne giver den sig til kende ved at være det der giver grundstofferne deres kendte kemiske egenskaber. Så elektroner *er...* Men "Hvad vil det sige at være?" replicerede Bohr en gang hvor han blev spurgt "Jamen *hvor er* elektronen?" – i sandhed et svar der peger på en ny metafysik[29] med en hidtil utænkelig ontologi[30].

Når sproget beskriver den faktiske virkelighed som den fremtræder for os, så indlejres det i bevidstheden. Samtidigt kommer alting til at se anderledes ud.

For at fjerne Feynmans problem må vi tage et for paradigmeskift karakteristisk skridt og simpelthen i en periode acceptere at sådan er det. Senere når det nye paradigme er faldet på plads, bliver det uden problemer. **Her er vi ved paradigmeskiftet** som behandles i Afsnit 5.

Nu har de nye iagttagelsesvilkår (s.29), hvormed Bohr både forbløffede og chokerede fysikernes verden, 20 år efter hans død fået en eksperimentel bekræftelse. Hvis komplementaritetsprincippet og bevidsthedens, de indre oplevelsers, indlejring i naturen bliver grundlæggende træk ved det nye paradigme, så er der åbnet for at prøve med en anden forestilling om vores bevidstheds muligheder over for verden med henblik på at se de klassiske problemer, det psyko-fysiske problem og viljens frihed i et nyt lys.

I den proces vil jeg bygge på to aksiomer afledt af den kvantemekaniske belæring:

1. Vi kan ikke kræve noget som helst af naturen. Vi kan kun tilstræbe at kommunikere entydigt, logisk og indholdsfuldt om vores erfaringer med naturen og derved skabe vores virkelighed, jf. næste afsnit.

2. Komplementaritetsprincippet.

Med det første aksiom placerer vi ikke problemerne i verden, men gør dem til et problem *i* (og ikke *for*) bevidstheden.

Det andet aksiom tillader en komplementær tilgang til fænomener når de kan beskrives således: *To iagttagerperspektiver som ikke kan indtages samtidigt, kan lade samme fænomen fremtræde på modstridende måder uden at trodse logikken.*

Det vil eksemplarisk være grundlaget for løsningen af den frie viljes problem. Men det psyko-fysiske problem og bevidsthedens problem vil også kunne behandles i et helt nyt lys.

I forlængelse af definitionen af bevidstheden i Afsnit 1 og den rolle sproget med kvantemekanikken har fået for vores virkelighedsopfattelse følger nu næste afsnit.

4. Verden og virkeligheden

Definition: *Verden er alt.*

Definition: *Virkeligheden er vores bevidstheds tolkning af verden.*

Virkelighed = verden*opfattelse*. Verden er det der *er* i kraft af miraklet at der overhovedet er noget. Ethvert yderligere udsagn om verden er vores tolkning af vores oplevelser i den verden hvoraf vi selv er en del.

Med den ordbårne tolkning dannes vores virkelighed i vores bevidsthed. 'Ord skaber virkelighed' siges gerne som påmindelse om at udvise forsigtighed med de ord man bruger. Det er klogt nok.

Men i nærværende sammenhæng er det selve definitionen på virkeligheden.

Her kan jævnføres med to filosoffer:

Kant[31] skelner mellem *Das Ding an sich* (verden) og *Das Ding für uns* (virkeligheden). Kant tager udgangspunkt i det oplagte at verden fremtræder for os gennem vores sanser, *für uns*. Oplevet (de indre oplevelser) og tolket (givet sprog) skaber det vores virkelighed. Vi kan ikke strukturere vores bevidsthed med andre kilder end hvad vi kan modtage fra vores sanser. Vi har allerede, Afsnit 1, mødt kløften mellem verden og vores mirakuløse indre oplevelser. Det er kløften mellem *an sich* og *für uns.* - og så standser jeg inden Kant indfører sine forstandskategorier som han indførte som forudsætninger for at kunne strukturere *Das Ding für uns.*

Kant opererer med at der er noget 'derude', hvorfor han kaldes realist – om end jeg ikke kan se hvilket indhold man kan lægge deri når det nu er uerkendeligt for os. Modsætningen er Berkeley (nævnes på s.42) som i nogle udlægninger direkte afviser verdens eksistens, hvorfor han kaldes idealist.

Hos **Heidegger** er *mennesket* karakteriseret ved at være *verdensudlæggende*, tolkende, og *vi ved at vi udlægger verden* (dvs. skaber virkeligheden), og at *vi kunne have udlagt den anderledes*[32].

Kants opdeling svarer helt til min, og Heideggers *"vi udlægger verden, og vi kunne have udlagt den anderledes"* er i essensen min definition af virkeligheden.

Tilsvarende med videnskabeligt paradigmatiske virkeligheder. De opstår helt automatisk når det videnskabelige sprog formulerer fungerende videnskabelige teorier. Således opstod tidligere virkeligheder, således er vores virkelighed opstået, og således vil fremtidige virkeligheder opstå - helt automatisk!

Virkeligheden er midlertidig. Til enhver tid.

Dette er et synspunkt som David Favrholdt, som opfattede sig som ekspert i fortolkning af Bohr, tog skarp afstand fra. Det gælder vist egentlig hovedparten af traditionelle filosoffer. Virkeligheden *søges* derude og kan i princippet *findes* som en af os uafhængig absolut eksistens og af os *studeres* som det den er i sig selv.

I modsætning hertil siger Bohrs om vores forhold til virkeligheden:

> *"Der findes ingen kvanteverden. Der er kun en abstrakt fysisk beskrivelse. Det er forkert at tro, at det er fysikkens opgave at finde ud af, hvordan naturen er. Fysik handler om hvad vi kan sige om naturen"*[33].

Det er en anden formulering af den nye skillelinje mellem objekt og subjekt, jf. s.30. Sproget er blevet målet og ikke midlet til at forstå verden. Jeg har mødt indvendingen at citatet ikke er originalt Bohrs. Jeg anfører det alligevel for det udtrykker præcist min opfattelse af Bohrs kvantemekaniske belæring, og som jeg bygger på.

Hertil kommer *Komplementariteten* som fjernede modsigelse i naturen, men som endegyldigt umuliggjorde at *vi* kan operere med en selvstændigt eksisterende natur og en endelig virkelighed.

Komplementaritetsprincippet opstod i fysikken. Men Bohr var meget op-
taget af at det også kunne anvendes uden for fysikkens område.

- For eksempel: *Retfærdighed/kærlighed*.

- Og *"Vi må aldrig glemme at vi er såvel tilskuere som aktører i tilvæ-relsens store skuespil"*, vores to komplementære roller.

- Og næsten selvkarakteriserende var han opmærksom på komplemen-tariteten mellem *sandhed og klarhed*. (Einstein om Bohr: *"Han frem-sætter sine synspunkter som én, der konstant famler, og aldrig som én, der mener at sidde inde med den endelige sandhed"*)

Holismen præger udsagnet *"...den verden hvoraf vi selv er en del"* lige-som også det *helhedspræg*[34] hvormed han karakteriserer de atomare fæ-nomener og betoner grænsen for videre indtrængen i verdens natur. Det sidste resulterede i en for Bohrs Institut karakteristisk spøgefuld alvor. I en periode docerede man et billedforbud, som advarsel mod at visuali-sere det hinsides, her kvanteverdenen.

Og i hvert fald med humor karakteriserede han både sin egen snørklede og Einsteins bramfri stil i en beretning om deres samtaler:

"Einstein på sin side spurgte os ironisk, om vi virkeligt kunne tro, at guddommelige magter tog tilflugt til terningspil ("...ob der liebe Gott würfelt"), hvortil jeg svarede med at henvise til, at allerede oldtidens tænkere havde manet til forsigtighed med at tilskrive for-synet attributter hentede fra dagligsproget."[35]

Jo, han manede til forsigtighed. Og gjorde det med humor – og alvor!
Det syn hvormed Bohr anskuer de kvantemekaniske problemstillinger, og den verden hvoraf vi selv er en del, kan karakteriseres med træk som holistisk, inddragende og antireduktionistisk, træk som ikke kan finde plads hos fysikere der fastholder den klassiske iagttagerposition, herun-der Einstein og Feynman m.fl. De står urørligt tilbagetrukket og betragter udefra en verden som analyseres reduktionistisk. Men det fastholder for-ståelseskonflikten.

5. Paradigmeskiftet

Med et kort perspektiv kan det se ud som om de videnskabelige frem-skridt opstår i en jævn kontinuert strøm. Med et langt perspektiv er det åbenbart at der er perioder hvor selve grundlaget for videnskabelig akti-vitet i løbet af forholdsvis kort tid udskiftes[20] med store ændringer til følge. Det var videnskabsfilosoffen Thomas Kuhn der fremhævede dette afgørende træk i videnskabens udvikling.

Terminologien med begreberne *paradigme*, *paradigmeskift*, *normalvi-denskab* og *anomalier* skyldes Kuhn.

Paradigme: En sammenhængende, bredt accepteret videnskabelig virke-lighed.

Normalvidenskab: Den videnskab som dyrkes så længe et paradigme har det godt.

Anomali: Et fænomen som ikke kan indpasses i det herskende paradigme – og ikke kan bortforklares.

Kuhn fremfører tre kriterier som hver for sig kan foranledige et paradig-meskift:

1. Varige uløselige problemer
2. Noget indtræffer som ikke burde være muligt
3. En omvæltende god ide hos en autoritet man må lytte til

De to første kriterier er aktuelle nu, men inden jeg tager fat på dem, vil jeg som eksempel på det tredje fremstille paradigmeskiftet i renæssan-cen. Det skildrer nemlig fint hvor vanskeligt – og livsfarligt var det den-gang – et paradigmeskifte kan forløbe.

Vi lever, oplever og indlever vores liv i et bestemt paradigme. Verden som vi lever i, opfatter vi som lige så virkelig og uantastelig som os selv. At erstatte den verden med en anden er for os selv personligt næsten som at begå selvmord.

Allerede et par århundreder før vor tidsregning foreslog Aristarchos fra Samos at solen kunne være centrum i solsystemet. Men enhver kan jo se at solen bevæger sig rundt om jorden, så derved blev det.

Men hvordan ville det egentlig se ud hvis jorden drejede sig om sin egen akse og solen stod stille? Det ligner et lille spring i abstrakt tænkemåde, men vi ser heraf hvor svært det er at løsrive sig fra grundfæstede forestillinger.

Kopernikus havde i størstedelen af sit liv (1473-1543) beskæftiget sig med ideen om solen midt i solsystemet. Men han tøvede med at udgive den, for der var væsentlige skavanker. Bl.a. var centrum for planetbanerne ikke sammenfaldende med solen. Og der var heller ikke en tvingende grund til det. Bevægelserne på himlen blev fint beskrevet ved Ptolemæus' epicykler.

Forestillingen gik tilmed imod kirkens fremstilling af Guds skaberværk, så Kopernikus havde grund til at frygte reaktionen fra den side. Men sådan opfattede kirken det ikke som udgangspunkt. Den var faktisk interesseret i videnskabelige tanker og tilskyndede, dog sent, Kopernikus til at færdiggøre et manuskript. Det lykkedes ham stort set på dødslejet. Det blev så udgivet af den katolske kirke med den bemærkning i forordet, at det var interessante teoretiske betragtninger, men det havde naturligvis ikke noget med virkeligheden at gøre. Så det var ikke farligt.

Men der var grøde i videnskaben på den tid. På basis af Tycho Brahes målinger kunne Kepler et par generationer efter Kopernikus afsløre at planetbanerne var ellipser med solen i det ene brændpunkt og altså ikke i centrum - og det hele faldt på plads. Der var nu helt klart tale om at udskifte et voldsomt indviklet system med et simpelt (som endnu et par generationer senere dannede basis for at Newton kunne udvikle sine love).

Tankerne trængte sig derfor på som en mulig *virkelighed*, og så blev det farligt, dødsens. Det kostede Giordano Bruno livet, og Galilei reddede kun sit ved at aflægge falsk vidnesbyrd. Det af kirken selv udgivne skrift om det heliocentriske solsystem kom på kirkens liste over forbudte skrifter.

Det skete så i 1687 at Newton bandt den sidste sløjfe på solsystemets mekanik med sine, på den tid mirakuløse, tre dynamiske love og loven om gravitationskraften. Endnu otte år efter succesen opfattede Newton det selv som det rene vanvid således som han berettede om det til Richard Bentley, s.22.

Men sådan noget kan man vænne sig til. Jeg, som livslangt har undervist unge mennesker i Newtons gravitationslov, kan bevidne, at ikke en eneste elev har løftet et øjenbryn i den anledning.

Det virker, og så er det virkeligheden!

Og vend så lige tilbage til Feynman s.21. Han udtaler sig om kvantemekanikken præcist som Newton om tyngdekraften. Feynmans opfattelse er dér vi står nu.

Og tilføj så lige "Men det virker, og så er det virkeligheden". Det er dér vi vil komme hen. Men det er meget svært at forestille sig nu. For det vil være fundamentalt indgribende i vores forestilling om verden at vi ikke kan kende den som den er i sig selv, og at vores virkelighed er sproglige tolkninger af vores oplevelser og ikke en forståelse af verden som sådan.

Kvantemekanikken har i dag skabt ravage i videnskabelige kredse som det heliocentriske solsystem den gang i de kirkelige. Nu er det nok ikke livsfarligt, men det er dog lige så foruroligende med hensyn til vores position i verden. Ja, måske endnu mere.

Således forberedt vender vi tilbage til Kuhns 1. of 2. kriterium, s.37.

Det første er aktuelt i kraft af de problemer som i mere end 2000 år har plaget tænkende mennesker: Bevidstheden, det psyko-fysiske problem og viljens frihed. Nå, udpræget aktuelt er det jo så ikke. Men med det eksploderende antal, nu 16000, artikler om bare problemet 'bevidstheden' må Kuhns første kriterium snart være rødglødende.

Det andet kriterium indtraf som lyn fra en klar himmel for 100 år siden i form af de atomare objekters fremtræden for os. Det gjorde de på en måde som ikke burde være mulig (Feynman s.21).

I denne bog synes de to kriterier at arbejde fint sammen, for det er komplementaritetsprincippet som muliggør en logisk acceptabel håndtering af problemerne på begge områder.

Afsked med det gamle, dvs. det nuværende, paradigme vil også radikalt ændre vores forhold til den påtrængende klimakrise, jf. s.60-61.

I nutidig filosofi skelnes der traditionelt mellem tre positioner vedrørende menneskets erkendelsesmuligheder, *skepticismen*, *relativismen* og *absolutismen*.

Skeptikeren kan føre et logisk bevis for at vi ikke kan vide noget som helst med sikkerhed om verden.

Relativisten respekterer viden om verden så længe den er uimodsigelig, men indser at ingen viden kan opfattes som absolut og endelig.

Absolutisten mener at der er fundamentale absolutter, og at vi kan opnå en endelig viden om verden.

Som jeg har kunnet orientere mig i aktuel filosofi, så er absolutisme den mest udbredte opfattelse. Måske fordi man dér finder de største udforinger - og den sikreste beskæftigelse(?). Der arbejdes altså på at komme frem til en beskrivelse af verden som den er i sig selv. Den mulighed har kvantemekanikken imidlertid nu udelukket som forklaret i Afsnit 3, s.30. Absolutismens forestilling har altid forekommet mig naiv og ligner en hybris beslægtet med den antikke forestilling om mennesket placeret i verdens centrum. Vi er efterhånden rykket langt ud i periferien.

Jeg vil gerne helt aflive absolutismen og det nuværende paradigme:
En absolutist må søge en absolut verden som altså er uafhængig af iagttageren selv. Altså må iagttageren stille sig uden for verden og se verden derfra. Det drejer sig ikke om at se på jorden, solen og alle universets bestanddele udefra. Der er tale om at se hele universet, alt eksisterende, fra en position uden for alt eksisterende!

Men positionen uden for alting kan man kun bringe sig i ved fantasiens hjælp. Den verden man så ser, bygger altså på fri fantasi.

På et sådant grundlag kan et paradigme faktisk godt eksistere. Sådan ser vi jo på fortidens paradigmer, den flade jord, jorden som universets centrum, solen som universets centrum... for bare at nævne nogle astronomiske forestillinger. Som fri fantasi kan vi godt nok ikke opfatte vores eget verdensbillede. Men det vil en fremtid kunne.

I den udstrækning jeg har fået reaktioner fra fagfolk, har det vist sig at de betragter de rammer inden for hvilke de tænker, som enerådende og uantastelige. Der er tale om en ideologisk fundamentalisme.
Mest bliver jeg henvist til at læse deres artikler om det pågældende emne. Så kan du lære det! – altså bliv i folden og kør træt!

Jeg har forsøgt at få et filosofisk tidsskrift til at trykke en koncentreret tekst om den frie vilje forstået - dvs. løst/opløst - på mit grundlag og fik at vide at jeg skulle tydeliggøre at jeg var inde i den nyeste anerkendte forskning på området. Jeg har naturligvis orienteret mig i et for mig nødvendigt – og efterhånden tilstrækkeligt(!) - omfang. Men hvorfor mere? når jeg netop ikke anerkender dets præmisser.
Området, som det behandles traditionelt, omfatter eksperimentel hjerneforskning og heraf afledte filosofiske analyser og faktisk helt fundamental, men udsigtsløs, bevidsthedsfilosofi inden for det aktuelle paradigme. Og som nævnt svulmer denne forskning op ud over alle grænser. Samtidigt bliver teksterne tilmed stadigt vanskeligere fordi forklaringerne bliver stadig mere subtile[46]. Det øger udfordringerne og ærefrygten, og bruges til at styrke troen på at her må graves dybere. "Hvis du ikke har forstået alle de tanker der allerede er gjort, kan du ikke tillade dig at tage afstand fra dem" er jeg blevet mødt med.
Dette generelle krav til filosoffer lige fra studietiden fastholder tænkningen i de traditionelle rammer. Filosofisk forskning bliver dermed af samme art som at pusle med en uløselig Sudoku.

At fordybe sig i Kants beviser for eksistensen af de tre antinomier kaster ikke klarhed over noget som helst, da de netop beviser at logikken kommer til kort. Men alligevel er logikken selvforførende og læserforførende i dens frygtindgydende logiske fremtoning.

Heidegger opfatter vores forståelse af verden og os selv som opstående i en hermeneutisk cirkel hvor de to dele, det ydre og det indre i et vekselspil konstituerer hinanden ud af en på forhånd eksisterende forforståelse. Tag den!

Berkeley, som kan føre et logisk bevis for at vi ikke kan vide om noget eksisterer, antager at det gør det så ikke. Det gør det temmelig meningsløst overhovedet at give udtryk for nogen som helst mening, inklusive Berkeleys egen. Men også hans filosofi må gennemgås og tages alvorligt.

Ligeså med Wittgensteins og Pierces sproganalyser. Etc.

Jo mere man efterstræber dette, jo større bliver udfordringen, og desto mere indfanges og udfordres man af den traditionelle måde at udføre filosofisk tankevirksomhed på. Og der er nok at tage fat på så længe man insisterer på at blive inden for de rammer der har skabt problemerne.

No problem can be solved from the same level of consciousness that created it.

Problemerne løses ved at lade et nyt paradigme afløse det eksisterende.

Udfordringen denne gang er radikalt anderledes end ved tidligere paradigmesammenbrud. Demokrit forudsagde atomteorien og Aristarchos det heliocentriske system for små 2500 år siden og Giordano Bruno det uendelige univers uden centrum for små 500 år siden.
Længe inden de blev paradigmatiske, kunne disse tanker tænkes og lå som potentielle virkeligheder i verden som den fremstod.
Men det komplementaritetsvilkår som blev fremtvunget af kvantemekanikken, var ikke en tænkelig mulighed i *natur*beskrivelsen før det i 1927 viste sig at vi levede i en utænkelig verden!

Men en mental komplementaritet kan findes hos Spinoza (1632-1677). Han fandt komplementaritet nødvendigt for bevidstheden som skal orientere sig i en verden hvoraf den selv er en del.

Det er udtrykt således:

> "En tanke kan således enten studeres som en hjerneproces eller som en bevidsthedsakt, men ikke på begge måder samtidig, da det er ét og det samme, der fremtræder som hjerneproces og som bevidsthedsfænomen." [36]

Det komplementære ligger i understregningen af at fænomenet fremtræder "ikke på begge måder samtidig".

I lighed med Bohr ser Spinoza sig som en uadskillelig del af en hel verden. Her adskiller han sig fundamentalt fra Descartes (1596-1650) som fra sin egen position uden for det hele finder at verden er tvedelt. Det behandles i næste afsnit.

Sådan magtes verden set udefra:

"Giv mig et sted at stå, og jeg skal bevæge verden!" skulle Archimedes have sagt da han demonstrerede vægtstangsprincippet. Ja, kunne man bare stå dér.

Ud over den historiske belæring, at paradigmer afløser hinanden, så må også udviklingen af tanker efter spørgsmålet "Hvem tror du egentlig du er?" endnu en gang vise at det vi opfatter som os selv og vores måde at tænke på, er uden rod i andet end den verden vi er vokset op i, altså funderet i relativisme. Vores verdensforståelse er en konstruktion opstået under den lokale kulturelle udvikling som eneste indflydelse.

Spinozas verdenssyn harmonerede slet ikke med den naturvidenskab som på grundlag af verden betragtet udefra spirede på hans tid, og som sprang i blomst i Newtons Principia i 1687, grundlaget for den klassiske fysik, og som helt afgørende lå til grund for den industrielle revolution som derefter fulgte.

Men den har nu bragt os i konflikt med verden. Verden slår igen, og det er nye signaler som vi må sætte ord på, dvs. ændre vores virkelighed, dvs. skabe et nyt paradigme.

Ifølge Bohr afsluttede Einstein den klassiske fysiks æra[37] med de to re-lativitetsteorier. De beskrev en objektivt eksisterende verden set af en udenforstående iagttager.

Så snart vi beskæftiger os med de atomare processer viser det sig at verden slet ikke lader sig se som det den er i sig selv. Centralt for den videre fremstilling gentages lige:

Skillelinjen var før mellem verden og eksperimentatoren. Nu er den mel-lem verden, *hvoraf vi selv er en del*, og sproget, altså vores bevidsthed. For at kunne orientere sig meningsfuldt i denne situation må bevidsthe-den i følge Spinoza betjene sig af en komplementær tilgang.

En fremstilling af det nuværende over for det kommende paradigme bli-ver altså en fremstilling af Descartes-Einstein over for Spinoza-Bohr eller renæssance-rationalisme over for – ja, det må fremtiden vise...

Lad os først se nærmere på hvordan det nuværende paradigme har fo-stret det psyko-fysiske problem.

6. Det psyko-fysiske problem

Descartes dualistiske verdenssyn er det konsekvente resultat af verden set udefra. Som nævnt s.40 drejer det sig ikke om jorden, solen og alle universets bestanddele set udefra. Der er tale om at se hele universet, alt eksisterende, fra en position uden for alt eksisterende.

Omend umuligt forestillede Descartes sig at stå dér og fik så øje på at foruden alt det materielle, må der også eksistere noget immaterielt tænkende. Verden består altså i følge Descartes af to væsensforskellige bestanddele, en udstrakt materiel, *res extensa* (det udstrakte), og en immateriel tænkende, *res cogitans* (det tænkende).

Her går Descartes så i stå, for via hvilke mekanismer[38] er de to væsensforskellige substanser i kontakt med hinanden, hvad de jo åbenlyst er.

Det psyko-fysiske problem som han problematiserer, er altså i al sin dybsindighed følgende

- "Uf, det trækker koldt". [Res extensa trænger ind i res cogitans]
- Jeg går hen og lukker vinduet. [Res cogitans øver indflydelse på res extensa]

Det er helt åbenbart ikke et problem i verden. Det opstår som et problem når der skal skabes sammenhæng i Descartes' tvedelte verden.

Men hvad er det der iagttager verden udefra og tænker over den? Det må være res cogitans der har splittet sig op i to, hvoraf den ene del har forladt universet. Og når den fra dette fiktive Archimediske punkt kigger ind i verden, får den ved siden af res extensa øje på den anden del af sig selv. Eller er den to steder samtidigt? Det er i hvert fald en selvrefererende iagttagelse fra en fiktiv position.

Da filosofien opstod for halvtredje årtusinde siden, stillede filosofferne spørgsmål til alt det vedtagne. Nu accepterer moderne filosofi – den del jeg polemiserer imod - det af Descartes fastslåede, den tvedelte verden. Så det psyko-fysiske problem optager stadig forskningen - og alle løsningsforsøg kan naturligvis afvises, for

No problem can be solved from the same level of consciousness that created it.

Klawonn analyserer og afviser den rene *dualisme som den er opstået hos Descartes*, kort og klart på s.28 i sin bog.

Og i en meget kort udgave om de tre andre forsøg:

Dobbeltaspekt-teorien forsøger sig med at kalde psyke og materie to distinkte aspekter af det samme overordnede fænomen som ikke præciseres. Den analyseres inden for de traditionelle rammer, den tvedelte verden, set udefra, og har ifølge Klawonn tendens til at glide over i dualismen. Spinoza behandles ret naturligt i denne sammenhæng. Men behandlingen er inadækvat. Spinozas fundamentale præmis er netop at verden *ikke* er tvedelt, verden *er*. Bevidstheden har derfor en helt anden udfordring hos Spinoza. Den skal som selvberoende mirakel inde i verden finde ord for hvordan den kan forholde sig meningsfuldt til det den oplever i den verden hvoraf den selv er en del (samme konklusion som i Bohrs kvantemekaniske belæring). Og her ser Spinoza nødvendigheden af at *bevidstheden* forholder sig komplementært til den udfordring, s.43.

Og hvordan kan det så forstås? Måske skal det slet ikke forstås. Newton fandt selv sin tyngdelov ufattelig, s.22. Et århundrede senere indgik den som en central bestanddel i det følgende paradigme og skulle ikke forstås. Når det kan finde sted, så behøver noget tilsvarende for de her opremsede problemer ikke være udelukket.

Efter 180 sider grundig behandling af Klawonn er de stadig uløste. De opfylder så rigeligt Kuhns første kriterium s.37. Tiden er inde. Det er det skridt jeg allerede har taget når jeg i Afsnit 1 kalder vores indre oplevelser for mirakuløse i definitionen af bevidstheden. Spinozas mentale komplementaritet når vi orienterer os i verden, er så blot et vilkår vi kan vænne os til når det nu er sådan verden fremstår.

Materialismen løser problemet ved at benægte den ene substans, kun materie eksisterer, og

idealismen i sin konsekvente udgave, Berkeley s.124 i Klawonns bog, løser tilsvarende problemet ved helt at benægte materiens eksistens.

De to sidste forsøg løser problemet ved at ignorere det.

Det psyko-fysiske problem forsvinder også hvis man gennemfører analysen på grundlag af min definition af bevidstheden i Afsnit 1, s.14.

Problemet som det er stillet op af Descartes, er hvorledes de to væsensforskellige substanser, *res cogitans* og *res extensa*, kontakter hinanden, den ene vej og den anden vej.

Res extensa -> res cogitans:

Bevidsthedsindholdet i res cogitans bliver i kraft af bevidsthedens mirakel s.14 simpelthen den del af res extensa herunder vores krop, som via sanserne skaber de indre oplevelser og således inddrages i bevidstheden.

Res cogitans -> res extensa:

Res extensa er den materielle verden, også vores krop og nervesystem. Hjerneforskningen kan i princippet følge de forskellige sanseindtryks vej gennem nervesystemet ind i hjernen hvor de behandles/lagres, og de processer som dér deterministisk starter og udløser vores handlinger i res extensa styret af naturlovene.

Problemet som nu skal løses, er så hvordan en 'vilje' fostret i den immaterielle res cogitans kan sætte gang i nerveprocesserne, i res extensa. Det løses let: Det kan den ikke.

Dermed er det psyko-fysiske problem løst!

I den sammenhæng hvori det psyko-fysiske problem er opstået og behandles, i aktuel filosofi og hjerneforskning fra Descartes position 'set udefra', foregår det hele nemlig deterministisk efter naturlovene:

Der er ingen viljesstyring, ingen plads til en fri vilje.

Det psyko-fysiske problem betragtet fra Descartes position er faktisk analogt med den klassiske fysiks møde med den atomare verden. I begge tilfælde har iagttageren løsrevet sig fra fænomenet, og så opstår problemet.

I atomfysikken er iagttageren en del af fænomenet og en komplementær tilgang er uomgængelig.

I det psyko-fysiske problem er bevidstheden også en del af fænomenet. Så det er nærliggende at forsøge sig med en komplementær tilgang med inddragelse af de indre oplevelser hvor 'vilje' hører hjemme.
De to komplementer er så 'udefra' og 'indefra'.

Ved 'position' forstår jeg parret af iagttageren (bevidstheden, subjektet) og genstanden (objektet) for iagttagelsen. De to positioner 'udefra' og 'indefra' ser komplementært fra samme ståsted, bevidsthedens.

Positionen **'udefra'** er bevidstheden der ser ud på verden og opbygger vores virkelighed, den virkelighed vi med den udefra iagttagende viden-skab prøver at få styr på, Afsnit 4.

Positionen **'indefra'** (et bedre ord er introspektivt, tænk sådan!) er be-vidstheden som oplever sig selv og opbygger 'jeg'et, Afsnit 8, det 'jeg' som bevidstheden prøver at få fornuftigt styr på, Afsnit 9.

Descartes problem 'den anden vej' (Res cogitans -> res extensa) bliver sammenfaldende med den frie viljes problem som behandles i næste af-snit.

7. Den frie viljes problem

Arno Victor Nielsen, filosof, citat[39]:

"Man kan godt lave en naturvidenskabelig konstatering af, at vi ikke har fri vilje. Men vi kan ikke acceptere det".

Det er med rene ord den frie viljes problem.

1. Man kan godt lave en naturvidenskabelig konstatering af, at vi ikke har fri vilje...

Ja, netop. En *naturvidenskabelig* konstatering. Det er hjerneforskningens og neurologiens analyser af nerveprocesser med den gængse udefra betragtende videnskabsmetode. Her iagttages lovmæssigheder, hvilket fører til en deterministisk beskrivelse af vores handlinger.

Generel determinisme[40] synes at udelukke fri vilje i almindelig betydning og vil så medføre at vi ikke kan tillægges ansvar for vores handlinger. Det må genere alle, herunder naturligvis især de hjerneforskere som er ansvarlige for synspunktet. De lægger derfor alle kræfter i for at få den frie vilje indpasset i den naturvidenskabelige beskrivelse og dermed accepteret. Det er klart beskrevet i en artikel i Informatíon[41]. Aviser og tidsskrifter nærmest flyder over med artikler med den problemstilling. Der er salg i videnskabens fantastiske indsigter.

Diskussionen om den frie vilje fik for ca. et halvt århundrede siden tilføjet en meget konkret empirisk neurologisk kendsgerning i form af skelsættende eksperimenter foretaget af neurofysiologen Benjamin Libet. Interessen for hjernen og midlerne til at kortlægge de nerveprocesser som hører til forskellige sanseindtryk, emotioner og motoriske handlinger m.m. var nået et stade, hvor man kunne gøre sig håb om at finde et videnskabeligt svar på spørgsmålet: Hvordan kan vi indplacere den frie vilje i den store viden om hjernen der er opnået? Det første nærliggende spørgsmål er så: Hvornår i forhold til en ønsket handling sætter viljen gang i de nerveprocesser som fører til handlingen? Libets forestilling var følgende:

Mærk verden[42] citerer på s.271 Libet som må mene:

> "Hvis en bevidst intention eller beslutning om at handle skal indlede en viljesbestemt begivenhed, så må den subjektive oplevelse af denne intention gå forud for, eller i det mindste falde sammen med begyndelsen af de særlige processer i hjernen, der formidler handlingen."

Således som vi *oplever* at være herre i eget hus, må det være en selvfølgelig forventning - som straks giver hele problemstillingen den ultimative udfordring, for hans eksperimenter viste det modsatte.

Ved en vel udtænkt og reproducerbar teknik kan forsøgspersonen meddele hvornår vedkommende beslutter at handle. Beslutningen opfattes som vilje til handling, og der måles altså hvornår viljen træder ind. Det sker som forventet før handlingen. Men chokerende opdagede Libet at processen er påbegyndt som registrerbare nerveprocesser allerede *inden viljen er til stede*!

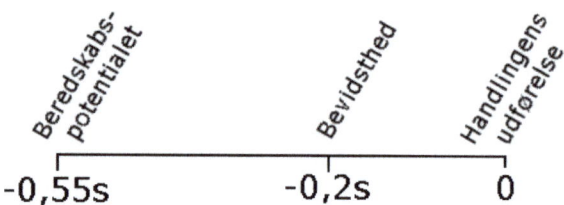

De indledende nervetilstande i hjernen kaldes beredskabspotentialet. De ses ca. 0,55 sekunder før handlingen. Og 0,2 sekunder før handlingen meddeler forsøgspersonen at ville handle, eller, hvad det også kaldes, træffe beslutning om, eller have bevidsthed om, eller føle tilskyndelse til, eller mærke ønske om, ... at handle. De mange betegnelser peger på at netop dette led i eksperimentet for analytikerne er af en anden uhåndgribelig art end de to andre begivenheder.

Uanset tolkningen betyder rækkefølgen at vi kan *opleve* at det er os selv der bestemmer 0,2 sekunder inden vi handler. Men processen er allerede i gang! Deterministisk fra ende til anden!

Libet stod nu med et ben i hver af Arno Victor Nielsens uforenelige lejre. Han kunne ikke acceptere sit eget forskningsresultat. Den frie vilje måtte reddes - in casu ansvaret. Som den øvrige forskning på området fastholdt han at modsætningen måtte kunne behandles under en og samme synsvinkel.

I de 0,2 sekunder fra bevidsthed til handling fandt han et rum hvor bevidstheden kunne gribe ind: *"Libet says the diagram shows room for a 'conscious veto.'"*[43]. Han indførte altså en *fri uvilje*! Dermed bevarer den handlende et ansvar for ikke at gøre noget forkert, men kan jo ikke tage æren for sine gode gerninger. Men – og det er det, det drejer sig om - det ændrer intet ved spørgsmålet om hvorvidt en vilje/uvilje kan gribe ind i den deterministiske orden. *Det* er det fundamentale i det problem Libet behandler.

Stadig efter 50 år kan man opleve en hjerneforsker rejse rundt i landet og underholde med forskningens forbløffende indsigter fremførende netop dette tidlige løsningsforsøg fra ophavet selv[44].

Med Libets eksperimenter fik forskningen et nyt konkret arbejdsgrundlag. En omfattende forskning forsøger stadig at nærlæse og fortolke og omfortolke de fysiologiske eksperimenter for at finde en placering af et viljesindgreb i den ellers kategoriske determinisme. Ofte foregår det ved en udvanding af viljesbegrebet så det ubemærket kan glide ind i determinismen. Og stadig mere fantasifuldt, meget mere[46] – men uden at komme til en opfattelse der fuldt ud omfatter vores oplevelse af ansvar, altså uden at løse problemet.

I *Mærk verden* beskæftiger Tor Nørretranders sig med Libets eksperimenter over 90 sider. I forordet til *Mærk verden*, 25 år efter førsteudgivelsen gentager Tor Nørretranders synspunktet, at Libets resultat ikke er svært at sluge *"hvis man accepterer den enkle indsigt at selvfølgelig har vi en fri vilje, men vi har den bare ikke bevidst"*. En vilje som ikke er bevidst!? Her er det svært overhovedet at tillægge 'vilje' et indhold - selv med den bedste vilje.

Libets forsøg handler faktisk slet ikke om forholdet mellem nogen 'vilje' (som ikke defineres) og handling, men om forholdet mellem den deterministisk påbegyndte handling og miraklet: handlingen bevidstgjort gennem den indre oplevelse af det der sker i kroppen og udløser handlingen 0,2 sekunder senere.

En fuldstændig adækvat forestilling kan findes hos panteisten Spinoza[45]:

> Gud er således både ånd og natur, og mennesket har både udstrækning, fordi vi har en krop, og er tænkende, fordi vi har sjæl og bevidsthed. De to tinger hænger sammen sådan, at når kroppen legemligt mærker noget, lader det bevidstheden danne sig en forestilling om det.

Bevidstheden får gennem sanserne sit indhold fra verden. Derfor må *aktionen* i verden finde sted inden *reaktionen* i bevidstheden kan indtræffe. Derfor er Libets resultat helt som man må forvente.

Det ville dog på dette sted være helt naturligt at stille sig på bagbenene: Jeg kan da beslutte at hælde den kaffe jeg lige nu sidder og nyder, ud over tastaturet. Så illustrerer jeg da at min vilje kan vælte koppen.
Hvad siger deterministen så til det?

Han/hun siger: "Det beslutter du naturligvis ikke. For du er fra din fortid helt op til det hypotetiske handlingsøjeblik stadig kraftigere blevet struktureret til at skrive på nærværende tekst, og du har brug for tastaturet. Det skal ikke ødelægges."
"Jamen jeg gør det alligevel". "Det vil vi se før vi tror det."
Således voldsomt provokeret kunne jeg måske forfalde til at gøre det. Men så er det et resultat af netop en stor provokation udefra. Og når jeg ser på det ødelagte tastatur, kan jeg tydeligt mærke hvor stærk en ydre påvirkning der har været tale om. Den vil efterlade mit indre i oprør.
Jeg kan også blive tilstrækkeligt belønnet, så jeg vælter koppen. Så vil der være tale om en kølig overvejelse som kunne være økonomisk.

I begge tilfælde er der tale om en kraftig ydre påvirkning som determi-
nistisk omstrukturerer min hjerne. Alt det der er i min krop inkl. hjerne,
bestemmer hvad jeg gør, set udefra. Først derefter opdager jeg det - og
accepterer det som mig! Set indefra er det 'mig' der handlede. Dette
handlende og for sig selv ansvarlige 'jeg' opbygges i resten af bogens
kapitler.

Ligeledes: Enhver ryger der har ønsket at kvitte lasten, ved at man ikke
bare kan mobilisere en fri modvilje. Organismen skal omstruktureres ved
påvirkning udefra. Det kan være fra ægtefællen eller fra eget helbred.
Det kan medføre en i organismen deterministisk opstået reaktion der kan
føre en til lægen eller terapeuten.
Krisecentre kan få henvendelser med appellen: "Hjælp, jeg slår min kæ-
reste!" et stærkt udtryk for krise i fornuften, jf. Afsnit 9, hvor fri modvilje
ikke bare kan mobiliseres.

Behandlingen af 'den frie vilje' i faglitteraturen er i det hele taget noget
rod, fordi begreberne ikke defineres. Det er aldeles uvidenskabeligt. Be-
greberne blandes sammen og tolkes ad hoc.
I nærværende sammenhæng er det jo fatalt at ingen forklarer hvad de
forstår ved en 'vilje'. Uklarheden giver afsæt til mange forskellige forsøg
på at løse problemet, forsøg som svulmer op og farer vild[46].

Et af mange valgt tilflugtssted for problemstillingen er den såkaldte *kom-
patibilisme*, forståelse af at fri vilje og determinisme ikke er modstrid-
ende, at de er kompatible. Ja, det er formuleret helt provokerende af R.
E. Hobart (*Fri vilje er utænkelig uden determinisme*[47], 1934) og mere
neutralt af Moritz Schlick (*Problems of Ethics*[48], 1939). De bruger beteg-
nelsen 'fri vilje', men løser problemet ved at endevende begrebet så man
til sidst mister grebet om det som stiller begrebet i modsætning til de-
terminismen. Alene betegnelsen kompatibilisme, at fri vilje og determi-
nisme er forenelige, viser at vores klare oplevelse af at kunne vælge frit
og være os selv ignoreres.

En analyse af de i det følgende anvendte tekster ligger på nettet[49].

Den frie vilje kaldes af Libet også 'awareness of the wish'[50]. 'Bevidsthed om/opmærksomhed på ønsket' åbner for identifikation af 'vilje' med et *deterministisk opstået 'ønske'* som meddeler sig i bevidstheden, og som man så følger/vælger(?) at følge.

Således ræsonnerer positivisten Schlick om 'fri vilje' en generation før Libet: Et menneske er frit når det ikke handler under tvang. Det var 'fri'. Så 'vilje': Menneskets *vilje adlyder psykologiens love som er naturlove,* som slet og ret udtrykker hvilke ønsker det faktisk har under de givne omstændigheder. Men så har man jo ikke selv *valgt* ønsket. Hvad så med ansvaret? Og hvad er 'vilje' og 'ønske' knyttet til naturlovene andet end tomme etiketter på det der faktisk indtræffer? Indhold får begreberne først som ledsage*oplevelser.* Og så hører de hjemme i en anden kategori.

R. E. Hobart går for at have leveret den endelige afklaring af kompatibilismen. I nævnte titel lægger han tidligt ud med: *"Det er i det store og hele en erfaring at vi har en fri vilje. Denne kendsgerning er langt mere sikker end nogen filosofisk analyse"* uden begrundelse. Jeg er helt enig og erklærer i Afsnit 10 påstanden nødvendig for at vi overhovedet kan opfatte os selv som mennesker.

Hobart bruger begrebet fri vilje i den betydning hvor det indebærer ansvar, fortjeneste eller vanære, og som det anvendes i etikken og i retsplejen. Fokus er på personens moralske karakter. Man karakteriserer sig selv ved sine handlinger. Determinismen sikrer at handlingerne udspringer direkte af personligheden - og de kan derfor(!?) tolkes som udslag af personens *frie vilje* - vilje til at være sig selv(?). Hvad er en 'vilje'?

Men klart nok: Uden determinisme i nerveprocesserne er der ingen person. En mere rammende titel kunne være *Stabile mennesker (personligheder) er utænkelige uden determinisme.*

Han argumenterer klart for at indeterminisme ikke kan indgå i en videnskabelig forståelse af mennesket og giver også behandlingen en sigende drejning: *"The principle of free will says: "I produce my volitions". Determinism says: "My volitions are produced by me""*[51].

Den sidste formulering, som Hobart tilslutter sig, må betyde at 'Vilje' frembringes deterministisk af min karakter, og determinismen sikrer yderligere at viljen føres ud i livet. Men er jeg ansvarlig for min karakter? Ansvaret placeres så blot endnu fjernere fra min *oplevelse* af ansvaret.

Den ansvarspådragende og agerende frie vilje som jeg oplever den, og som er helt afgørende for at jeg er mig - det behandles i afsnit 10 - har heller ikke Hobart åbnet for. Han står uden for og mangler det indre perspektiv, det som han lægger ud med: *"Det er ... en erfaring at vi har en fri vilje..."*. Det er en *indre oplevelse*. Det er af en anden kategori. Den findes ikke i hjerneforskningen. Men forskerne søger stadig dér.

Den frie viljes problem er konflikten mellem det naturvidenskabelige verdenssyn, som ser verden udefra som kausalt styret og vores individuelle indre oplevelse af at have en fri vilje hvormed vi skaber vores liv gennem de valg som vi fører ud i livet. Det er ikke en løsning at overse denne følelse som Schlick og Hobart gør - og mange efter dem. Begge opfattelser er virkelige. Det er de også i følge min definition af virkeligheden, idet vores virkelighed er det vi giver sprog.

Begge er virkelige og tilsyneladende modstridende. *Halløj*! Så kan komplementaritetsprincippet bringes i anvendelse hvis de optræder under synsvinkler som ikke kan indtages samtidigt. Lad os derfor afprøve den til at 'se udefra' komplementære position, nemlig at 'se indefra', jf. s.48. Dermed opstår to positioner med hvert deres begrebsæt.

For lige så snart der åbnes for denne mulighed, får vi øje på 'bevidsthed', 'vilje', 'beslutning', 'ansvar' og 'jeg'et m.m. og spørger forbløffet: Hvad laver de begreber i hjerneforskningen som udefra måler elektriske potentialer i neurovidenskabens ramme? Hvad er i denne sammenhæng en 'vilje' der kan træffe en beslutning og som første årsag starte den sammenhængende neuronproces som udfører beslutningen?

Hjerneforskningens forsøg på at behandle *hele* problemet inden for *kun én kategori* medfører uhjælpeligt at forskningen fortsætter ud ad en endeløs, blind vej. Og det griber om sig.

Men sjovt nok, tampen brænder: Libet er selv inde på at bevistheden tilhører en anden kategori end de målbare størrelser som hjerneforskningen beskæftiger sig med. Ifølge Tor Nørretranders *Mærk verden*[52] s.272:

> "Benjamin Libet har siden han i midten af 1960'erne indledte sine undersøgelser over bevisthed haft en meget klar indsigt i, at bevisthed er et primært fænomen. Man kan ikke reducere bevisthed til noget andet, f.eks. en eller anden målelig størrelse i hjernen. En person oplever en bevidst beslutning – og det er kun denne person, vi kan spørge om denne oplevelse. Man kan ikke studere bevisthed ved at henføre den til et eller andet „objektivt" målbart."

Nej, og så skal man da lade være. 'Bevisthed' og alle de før opremsede, indre fænomener kan ikke behandles sammen med begreberne fra neurologisk forskning.

Fri vilje hører ikke hjemme her.

Så når hjerneforskningen fratager os fri vilje, må vi sige

2. "… vi kan ikke acceptere det".

Og så må vi finde en udvej. Resten af denne bog handler om hvordan vi undgår konflikten og finder os selv.

Problemet er 'fri vilje' kontra 'determinisme'.
Begreberne tolket komplementært vil fjerne 'kontra'.

Det gælder så om at argumentere for at komplementaritet er legitimt anvendt i det foreliggende tilfælde. Det drejer sig om 'handlingen'. Den kan opfattes som resultat af både 'fri vilje' og af 'determinisme'. De to modstridende årsagsopfattelser skal begge inddrages, men optræde under betragtninger, 'indefra' / 'udefra', hvor den ene udelukker den anden.

Problemet 'fri vilje *kontra* determinisme' eksisterer tilsyneladende med to hinanden bekrigende livsindstillinger karakteriseret ved eksistentialismen og den videnskabelige positivisme.

Første legitimering af anvendelse af komplementaritet er altså at holde eksistentialismen op mod positivismen.

Eksistentialismen med bl.a. Søren Kierkegaard og Jean-Paul Sartre gjorde det eksistentielle valg afgørende for menneskets *levede liv* i modsætning til den naturvidenskabelige verdens*forståelse*. Eksistentialistens valg er appellerende knyttet til en fri vilje som har afgørende betydning. Sartre siger i *Eksistentialisme er humanisme*[53], 1946:

"Der er ingen determinisme, mennesket er frit, mennesket er frihed."

Determinisme hører ikke hjemme her.

Vi lever og styrer (indefra) vores liv *eksistentialistisk* og forstår (udefra) verden og os selv *positivistisk*. Det er komplementære indfaldsvinkler, og vi anvender begge, men i hver sin sammenhæng, én ad gangen:

- I den eksistentialistiske *oplever* vi livet subjektivt *indefra* og opbygger individuelle 'jeg'er med værdier, frie valg, ansvar m.m. jf. Afsnit 8 og 10.
  I den positivistiske *beskriver* vi fænomenerne objektivt *udefra* og opbygger vores kollektive virkelighed med lovmæssigheder.

- I den eksistentialistiske ser vi *fremad* og koncentrerer os om valget for fremtiden.
  I den positivistiske ser vi *tilbage* og behandler indhøstet erfaring.

- Eksistentialisten *lever* sit eget liv med ansvar for kun det.
  Positivisten indgår i et kollektiv som arbejder på et fælles ansvar.

- Eksistentialistens begreber får indhold i ét menneske ad gangen.
  Positivistens begreber er kulturelle og videnskabeligt universelle.

Anden legitimering er at koncentrere sig direkte om de to komplementer:
I introspektionen er bevidstheden en *indiskutabel virkelighed* med fænomenerne 'jeg', 'selv', 'valg', 'ønske', 'vilje', 'ansvar', 'værdier', m.m.
Set udefra, fra naturvidenskaben, er bevidstheden et *mirakel*, og de anførte begreber kan slet ikke defineres brugbart her.

Når vi leder efter årsagen til vores handlinger befinder vi os med 'indefra' og 'udefra' helt åbenlyst i to separate kategorier med inkommensurable begreber. Det giver ingen mening at opstille en konflikt mellem begreber fra hver sin af disse kategorier. Men de komplementerer hinanden. Begge kategorier er nødvendige for vores forståelse af vores handlinger.

Som bevidstheden har gjort i hele menneskekulturens udviklingshistorie, vil den gennem paradigmeskift ændre sig i overensstemmelse med fundamentalt nye udfordringer den møder.

Foruden at være afgørende i vores møde med den atomare verden, så løser komplementaritetsprincippet umiddelbart problemet 'fri vilje' kontra 'determinisme' bibeholdende både den videnskabelige deterministiske naturbeskrivelse og den i den indre position umiddelbart oplevede betydning af 'fri vilje'.

Kvantemekanikken fremstår som et eksempel hvor komplementaritetstilgangen er tvunget frem; udfordringerne inden for fysikken *må* finde et sprog.

Komplementaritet er en logisk struktur som kan stå til rådighed hvis vi *vil* forlige os også med andre problemer. Her er den anvendt på den frie viljes problem – med held?

Virkeligheden af 'jeg'ets frie vilje og ansvar på det her udviklede grundlag uddybes i Afsnit 10 efter to afsnit om 'jeg'ets ontologi.

Herefter vil jeg uddybe det indre perspektiv. Hvor står vi som levende og oplevende mennesker i alt dette?

8. Dannelsen af 'jeg'et

Hvem tror du, du er?

Svaret blev givet på s.24: Du er en forbigående, mirakuløs bevidsthed, og derefter er du ude af verden. Men i den tid du har, sker der virkelig noget:

Barnets første udfordring i vores kultur er at lære at separere individer. Når barnet begynder at følge bevægelser, så tager vi fat ledsaget af opmærksomhedsrettende, pegende bevægelser, igen og igen: *"Det er mor"*, *"det er far"* og *"det er lille Egon"*. Når skriftsproget skal tilegnes, er barnets navn det første det lærer at skrive. Sådan opstår dit 'jeg' og således vænnes barnet til at se sig selv som et selvstændigt ego.

I vores kultur opbygger vi egoer. Det vil kunne forløbe anderledes, men helt uden sprogudvikling er der ikke tale om en menneskekultur (som jeg definerer mennesket).

Hvis barnet isoleres fra sprogbrugende mennesker - Gud forbyde det, men der er eksempler[54] - vil det ikke udvikle en menneskelig bevidsthed. Det vil ikke udvikle et separat 'jeg'.
At et nyfødt barn strengt taget ikke kan regnes for et menneskeligt væsen, har Bohr også været inde på[55].

Det specifikt menneskelige er at et menneskebarn fødes med evnen til at udvikle et abstrakt sprog, med *potentialet* til at blive et menneske. Det er virkelig en kategorisk og mirakuløs forskel mellem mennesker og dyr. Mennesket opstår altså i løbet af de første leveår under direkte og indirekte anvisninger fra barnets sprogbrugende omgivelser, barnets sprog skabes, og det får dermed menneskelig tænkeevne, det får bevidsthed, det bliver et menneske[56]. Bevidstheden formes med de til rådighed stående ord og begreber, og således bliver mennesket formet i overensstemmelse med den foreliggende virkelighed, det aktuelle paradigme.

'Jeg'et er en indpodet selvforestilling, opstået og indlejret i sproget, et mirakel når det betragtes udefra. Derfor vil man lede forgæves efter 'jeg'et fra naturvidenskabens position.

Men 'jeg'et er en umiddelbar virkelighed for sig selv når det ser sig selv indefra. Det er i den virkelighed vi *lever* vores liv, med de indre oplevelser, glæder og sorger, ansvar og engagement i den sociale sammenhæng for os selv og for andre. Alt med vores 'jeg' i centrum.

Og det er den virkelighed der giver 'jeg'et anledning til at spørge til meningen med livet. En overordnet mening med livet kan findes i den helt store sammenhæng. I hver en menneskekrop, i al fortid, nutid og al fremtid, opstår en unik bevidsthed som yder sin indsats i evolutionen i en meget begrænset årrække. Den specifikt menneskelige bevidsthed gør sin indsats i form af *informations*bearbejdning og –formidling. Det er en helt ny mekanisme som evolutionen med mennesket har frembragt, og som den nu eksperimenterer med, og det foregår med eksplosiv hast og med fuldstændigt uforudsigelige følger for kloden. Den menneskelige bevidsthed med deraf følgende aktivitet har allerede afstedkommet en ny geologisk tidsalder, antropocæn.

Miljøødelæggelserne hører nøje sammen med den tekniske og industrielle udvikling som startede med den klassiske fysik udviklet på grundlag af Descartes verdensbillede.

Og nok en gang: Forskeren gør sine videnskabelige iagttagelser ved at distancere sig fra naturen. Det afspejler hele vores måde at leve i verden på. Således løsrevet fra naturen ser vi den blot som stående til rådighed for os. Miljøkrisen i bredeste forstand er skabt af bevidsthedens distance til naturen. De aktuelle forsøg på grøn omstilling inden for det nuværende paradigme vil ikke føre det ønskede resultat med sig.

No problem can be solved from the same level of consciousness that created it.

Det vil blot blive mere af det samme bare på en anden måde, en måde som skjuler og udsætter det uundgåelige sammenbrud for vores aktuelle selvforståelse.

Men her samarbejder erfaringerne fra den atomare verden, hvor forskeren nødvendigvis må se sig selv som en del af verden. Når det efterhånden bliver menneskets opfattelse af sig selv i et nyt verdensbillede, vil det give os et nyt forhold til verden, hvor vi indser at vi ødelægger os selv når vi ødelægger den verden hvoraf vi selv er en del.

Den centrale for sig selv og fra alt andet udskilte position 'jeg'et har i vores paradigme, får let det enkelte 'jeg' til at holde armslængdeafstand til problemerne ved at placere dem i verden. Verden er arbejdsområdet for vestlig filosofi og videnskab. Her arbejdes der udefra.

Men vi er en uadskillelig del af verden.

Husk det!

Samtidigt muliggør komplementaritet at vi kan blive syntesen i den dialektiske proces:

ET HELT MENNESKE

DETERMINISME   FRI VILJE

DEN YDRE SKÆBNE MAN GENNEMLEVER   DEN PERSON BEVIDSTHEDEN OPBYGGER

9. Fornuften

Via bombardementet af sanseimpulser som vi sætter ord på, lægger min definition af bevidstheden umiddelbart op til det totale indre kaos i modstrid med den mentale helhed som vi dog mener os i besiddelse af. Og igen det mirakuløse sprog: Det kan opbygge nogle logiske strukturer som etablerer endog meget store sammenhænge.

Definition: *Fornuften er den del af bevidstheden, indenfor hvilken der er etableret en tilfredsstillende sammenhæng, konsistens, hvoraf 'jeg'et opstår og konsolideres.*

Bevidsthedens kilde er de indre oplevelser fra sanseimpulserne; fornuften er en sproglogisk sammenhængende delmængde af bevidstheden. Alt hvad jeg oplever lige fra trivielle ting til de ekstremt komplicerede indsigter i naturen som min fysikuddannelse har givet mig, samler sig videst muligt i fornuften. Det definerer mit 'jeg' og danner (via det jeg siger og tænker) min virkelighed omkring mit 'jeg'.

Til stadighed strømmer impulser til min krop. Nogle - forsvindende få - af dem registreres af min bevidsthed, og dens opgave er så at optage så meget som muligt i fornuften, dvs. indordne dem i den allerede eksisterende logiske sammenhæng som udgør fornuften. Så længe det går godt, bliver jeg klogere og udvider mit fornuftområde, min personlighed. I almindelighed flyder oplevelserne ind og optages ubesværet i fornuften som del af 'jeg'et. Eller de flyder rundt andetsteds i bevidstheden uden at volde problemer.

Men er de af væsentlig art, og er det indre oplevelser af noget som har sat sig kroppen, så er 'jeg'et udfordret, og 'jeg' kommer i krise. De ikke indpasselige betydningsfulde kendsgerninger kan ved det psykologer kalder fortrængning, udelukkes af bevidstheden, og krisen holdes på afstand. Men et sted i kroppen er de der endnu, og kan volde ubevidste vanskeligheder sidenhen eller måske dukke op som bevidste problemer.

Alvorligt og nedbrydende er det hvis voldsomme udfordringer tager uaf-viselig plads ved siden af fornuften. Argumenter, overvejelser, tænkte udspil afspejler de stridende impulsers pres på 'jeg'et/fornuften. Det kan køre rundt i den indre monolog som kæmper for at finde en fornuftig(!) sammenhæng i bevidsthedens indhold. Og akut kan det føre til tab af selvkontrol; 'jeg'et går delvist i opløsning. Man er 'ude af sig selv' af vrede, man kan blive hidsig og gøre frygtelige ting. Man er i krise.

Ved kriser er bevidstheden tilført tungtvejende og stridende informatio-ner som ikke kan optages i den harmoniske enhed, fornuften. Tragisk er kvinden der ikke forlader sin ekstremt voldelige mand. "Hvorfor går du ikke bare?". Svaret kan være "Det forstår jeg heller ikke", og det forklarer hvorfor denne dialog hører hjemme på *krise*centre.

Terapi, påvirkning udefra gennem kommunikation, tilsigter at omstruk-turere bevidstheden ved at åbne for andre kombinationer af det foreli-gende bevidsthedsmateriale, så fornuften kan heles og 'jeg'et reddes.

En psykisk skavank som personlighedsspaltning viser at bevidstheden kan have to områder med hver sin sammenhæng, hver sin fornuft, hvert sit 'jeg'. Et væld af psykiske diagnoser viser omfanget af variationsmu-ligheder inden for bevidsthedens strukturering, som vist ikke vælter mine simple definitioner.

En viderebehandling af diagnosen personlighedsspaltning må være rele-vant i forbindelse med domstolenes virksomhed[57] hvor det kan bringes i forhold til begrebet 'utilregnelig i gerningsøjeblikket'. Hvem er det der begår forbrydelsen, og hvem er det man har over for sig ved skyldsafgø-relsen? – og straffen, ikke mindst.

Endelig kan en voldsom forelskelse som kommer på tværs af den forel-skedes etablerede fornuft, afsløre at kampen helt åbenlyst står mellem *hjerte* og *hjerne*, hvor hjertet, metafor for kroppen, med et hårdt deter-ministisk greb bombarderer bevidstheden, hjernen, med signaler som bevidstheden slås med i relation til fornuften.

En tilsvarende beskrivelse kan gøres i forbindelse med det store fælles-skab, samfundet. Den totale mængde af viden og tanker i samfundene kan så kaldes kulturens bevidsthed, og den kulturelle fornuft etableres når enighed opnås gennem forhandlinger. Store internationale overens-komster og aftaler udtrykker fællesskabets fornuft.

Kriser opstår når fælles gensidig forståelse, en fælles fornuft, ikke kan opnås. Og vi kender eksempler og deres følger.

Særligt interessante i nærværende sammenhæng er den videnskabelige bevidsthed - for at bevare terminologien - den totale mængde af viden-skabelige fakta. Heri etableres fornuften i form af omfattende naturlove. Når fornuften er præget af store sammenhængende og velfungerende teorier, befinder videnskaben sig i et stabilt paradigme.
Men på et tidspunkt kan nye uafviselige iagttagelser være umulige at indpasse i de herskende teorier. Så er det en udfordring for videnskabens bevidsthed som slås med at etablere en fornuft. Videnskaben er i krise. Videnskabens bevidsthed skal omformes, en ny fornuft, en ny videnska-belig sammenhæng i et nyt videnskabeligt sprog, en ny videnskabelig virkelighed, et nyt paradigme skal opbygges.

Denne bog påviser – hvis den forstås efter hensigten - at det er dér vi står nu.

10.   Den frie vilje og ansvar

Vi har ikke en vilje hvormed vi uafhængigt af alt andet former vores liv. Sammenhængen er den modsatte. Afhængigt af alt andet formes vores liv af naturlovene. Kroppens handlinger træder som indre oplevelser ind i bevidstheden som tager dem til sig og forsvarer dem ved videst muligt at inddrage dem i fornuften. Således formes fornuften, og personligheden udvikler sig med 'jeg'et i centrum.

Nødsaget må jeg sige til en ven: "Du er nødt til at påtage dig ansvaret" for at undgå at vennen smuldrer. **Ansvar er noget man påtager sig** - om det så er ekstremt pinagtigt. Et belysende eksempel:

> Lad Clinton sige (tale sandt) "I did have sexual relations with that woman, miss Lewinsky." og så tilføje "but it wasn't my intension". Så var præsident Clinton ud af det hvide hus med det vuns. Og hvis han fortsatte med at fralægge sig ansvar, hævde at han ikke havde noget valg, men at noget andet styrede ham, så ville han melde sig ud af den sociale sammenhæng og ende i psykiatrien - som nok ville sørge for den endelige opløsning af hans ego, hvis han fastholdt. Selvom 'noget andet' set udefra styrer ham, så må han gøre det til sit, og påtage sig ansvaret. Det hænger fint sammen set indefra, han kunne jo bare have ladet være. Og det ved han godt. Altså valgte han at gøre det.

> **Han oplevede sin frie vilje, og påtog sig sit ansvar**.

De fleste af os vil let kunne finde personlige oplevelser med helt samme struktur hvad angår udfordringen af fornuften og kampen for at bevare sit 'jeg' ved at (være nødt til at) tage ansvar. Henrik Stangerups *Manden der ville være skyldig*[58] behandler netop dette problem.

Fri vilje og ansvar er udtryk for det samme og er et personligt anliggende for hver enkelt af os. 'Ansvar' betyder 'svar på noget', og kan opfattes som fornuftens svar på personens gerninger ved at kunne rumme og forsvare dem.

Ansvar er forsvar for 'jeg'et, og derigennem opbygges et solidt 'jeg'. Accept heraf er afgørende for at vi kan se os selv som selvstændige, intakte 'jeg'er som med ansvar for vores valg indgår i den sociale sammenhæng med andre 'jeg'er med ansvar for deres valg.

Altså:

Uden ansvar intet 'jeg'. Ansvar giver kun mening i forbindelse med noget jeg har haft frihed til at vælge. Jeg er. Altså har jeg en fri vilje.

Fri vilje opleves som en nødvendig betingelse for 'jeg'et, og er altså lige så virkelig som 'jeg'et. Er jeg virkelig? Så har jeg en fri vilje!

Eller:

Livet er alt det vi oplever. Altså er den frie vilje en del af livet.

Livet er en del af virkeligheden, altså er den fri vilje virkelig.

Når vi lægger den indiskutable umiddelbare betydning i de begreber vi anvender, så kommer vi frem til at 'fri vilje' følger af begreberne:

'jeg' ⇨ 'ansvar' ⇨ 'valg' ⇨

I samfundet oplever vi os selv og hinanden, kommunikerer og påvirker hinanden, organiserer og udvikler vores sociale forhold delvist gennem lovgivning og delvist gennem uskrevne love.

Gennem kommunikationen kan vi reagere kollektivt på artens udfordringer som vi oplever dem hver især indefra. Båret af vores evne til at udtrykke de indre oplevelser og kommunikere dem ud i vores fællesskab fører determinismen os videre mod en ukendt fremtid.

– som vi trods determinisme føler et ansvar for, fordi kommunikationen udgår fra vores indre oplevelser hvor vi identificerer os med og står til ansvar for det vi kommunikerer videre. Det er noget vi selv har valgt.

Ja, 'fri vilje'/'determinisme' ('indefra'/'udefra') kører et tæt parløb.

Her kan man så - hvis man er villig til at arbejde konstruktivt med – give mening til følgende som jonglerer med ansvar og determinisme:

Man kan ikke gøre for det man gør, men man er ansvarlig over for sig selv for at tage ansvar for det man gør.

Vi kan nu, også på baggrund af Afsnit 7, give en meningsfuld definition af begrebet 'vilje' og forklare hvorfor vi må karakterisere den som fri:

Definition: *'Vilje' beskriver vores indre oplevelse af vores handlinger i handlingsøjeblikket.*
Vi ved at vi kunne have handlet anderledes (forudsat andre muligheder forelå). ***Derfor oplever vi viljeshandlingen som fri.***

I strømmen af disse handlingsøjeblikke oplever vi vores liv forlæns. Her opleves viljen. Og så er den ikke andet. Men det er også nok til at vi kan opleve vores liv med retning og indhold.

Dermed blev diskussionen om den frie viljes modsætning til determinismen afrundet.

11.   Hvor endte vi så?

Verden i sig selv kan aldrig være problemet.
Problemer opstår i vores bevidsthed i dens forhold til verden.

Det er klogt at sætte ind på at tilpasse vores bevidsthed til verden.
Det fører på vildspor bare at kaste sig over verden.

Med dette som rettesnor er følgende hovedsynspunkter opstået:

Bevidstheden *findes* ikke; den *skabes* af bevidstheden selv, s.14.
Bevidstheden er den ultimative og totale selvreference og er derfor af fremtoning arbitrær. Med min forståelse af begrebet bevidsthed, Afsnit 1, modtager bevidstheden sit indhold fra verden via sanserne og reagerer derefter på det. Libets forsøgsresultat viser direkte at det er sådan vi må forstå rækkefølgen hvis vi faktisk vil anerkende hvordan verden fremtræder for os.

...når kroppen legemligt mærker noget, lader det bevidstheden
danne sig en forestilling om det. (s. 52)

To kategorier indefra/udefra.   De indre oplevelser, herunder fri vilje, optræder også virkelige for os, men kan ikke indpasses i det naturvidenskabelige verdensbillede. Vi må derfor operere med to disjunkte kategorier i komplementaritetsprincippets rammer, s.27. Dermed bliver der plads til både den frie vilje og den deterministiske verdensbeskrivelse. s.56-58.

Kvantemekanikken.   Den nuværende verdensforståelse er uforenelig med den kvantemekaniske belæring, s.21. Det er en uomgængelig udløser af det næste paradigmeskift, s.29.

Sproget. Verden udfordrer bevidstheden og bevidstheden svarer igen ved dynamisk at udvikle sproget, s.14. Sproget som før var videnskabens middel til forståelse af verden, er nu blevet selve målet.

"Det er forkert at tro, at det er fysikkens opgave at finde ud af, hvordan naturen er. Fysik handler om hvad vi kan sige om naturen." s.30.

Det nye paradigme. Jeg finder det afgørende virkningsfuldt her foran paradigmeskiftet at jævnføre med Newtons ord til Bentley s.22 og den kendsgerning at vi fuldstændigt har vænnet os til at sådan fremtræder verden. Det virker, så er det virkeligheden, s.39.

Virkeligheden *findes* ikke; den *skabes* af bevidstheden, s.34.
Vi kan ikke gå ud og finde en virkelighed som allerede eksisterer. Virkeligheden er midlertidig. Til enhver tid. s.35.

Descartes og det psyko-fysiske problem. Det psyko-fysiske problem forsvinder sammen med Descartes tvedeling af verden, Afsnit 6.

"Descartes grundlægger dualismen og skaber således det moderne sjæl-legeme-problem, der stadigt ikke er løst[59]."

Ja, Descartes skaber problemet. Det er der ikke i forvejen. Hvorfor så skabe det?
Tvedelingen er en følge af at Descartes placerer iagttageren uden for alting. Den position er umulig, s.20, 41 og 45. Jævnfør så med den nye skillelinje, s.30.

Komplementaritetsprincippet. Det er en ny logisk struktur som er nødvendigt over for kvantemekanikken. Men det indeholder intet som indskrænker det til kun at gælde dér. Det tilbyder en forståelse af 'fri vilje/determinisme'-problemet i modsætning til hjerneforskningen som søger[60] uden at vide hvordan en løsning overhovedet kunne se ud.
Det vil derfor på længere sigt kunne blive helt generelt naturligt.

Vores nye liv. Når vi lever og oplever vores liv indefra, har vi en fri, agerende vilje. Når vi prøver at forstå vores adfærd udefra, så er determinisme forståelsesgrundlaget, s.57.

Livet leves indefra og forstås udefra.

Dermed fik vi en polarisering i rummet som pendant til den polarisering i tiden som kunne være Søren Kierkegaards:

Livet leves forlæns og forstås baglæns.

De udtrykker i rum og tid komplementære tilgange til menneskelivet.

Der er faktisk tale om at

Livet leves indefra og forlæns og forstås[61] udefra og baglæns.

Indefra opleves vores liv idet det subjektive domæne opstår når sanserne giver bevidstheden besked om livets tildragelser. Og når den så handler på dem og vælger, leves livet **forlæns.**

Udefra analyserer videnskaben de neurologiske processer og opnår forståelse **baglæns** af indhøstede erfaringer.

12.   Hvad venter os?

- foran et paradigmeskift.

For det tilfælde at de i Afsnit 11 anførte resultater stadig skulle fore-
komme vanvittige, er det *meget* interessant og relevant at genkalde sig
tidligere virkeligheder og iagttage, at videnskabshistoriens helt store
gennembrud fra den ene til den næste er sket på grundlag af udfordringer
som forekom helt vanvittige for samtiden.

Det aristoteliske verdensbillede (forfinet af Ptolemæus) med Jorden som
universets centrum *var virkeligheden på den tid*, den aristoteliske virke-
lighed.
Dets afløser, det kopernikanske heliocentriske verdensbillede, måtte
igennem en hård kamp hvorunder Giordano Bruno mistede livet, og Ga-
lilei kun reddede sit ved at aflægge falsk vidnesbyrd, s.38.
Men så blev *det* virkeligheden.

Paradigmeskiftet afsluttedes med Newtons Philosophiae Naturalis Princi-
pia Mathematica i 1687. Se igen på s.22 hvad Newton 8 år efter skrev til
Richard Bentley – rent vanvid. Der blev også gjort nar[62].
Men det virkede, og så blev *det* virkeligheden.

- indtil Bohrs postulater i 1913. Så gentager det sig. Hør f.eks. Ehrenfest,
en nær ven af både Bohr og Einstein; han sagde på et tidligt tidspunkt:
*"Hvis det er sådan vi i fremtiden skal dyrke fysik, så må jeg helt opgive
fysikken."* Han kom nu efter det senere. Meget efter det endda[63]. (Læs
denne herlige beskrivelse!)

Altså ser det slet ikke ud som om vanviddet i nye præmisser står i vejen
for deres endelige accept. Det betyder kun at

**graden af aktuelt oplevet vanvid understreger blot paradigme-
skiftets afgørende radikalitet.**

- hvorefter vanviddet bliver en selvfølgelig del af virkeligheden.

Det er derfor historieløst at opfatte væres nuværende verdensbillede som det endelige. Og, skulle jeg mene, det er nu påvist at det må stå for fald.

Og hvad så? Ja, så er der åbnet for muligheden for at prøve at finde *En anden forståelse af forståelse.*

Den er jeg så som begejstret amatør hoppet på. Jeg håber lidt af den inspiration jeg har følt ved at slippe alle tøjler, kan smitte af på læseren.
Hvis det modsat hidser op, så har det dog rørt ved noget.
Hvis det slet ikke bliver læst, så har det stadig været mig en glæde at lommefilosofere.
Og resultatet skammer jeg mig ikke over når jeg tænker på hvad jeg har mødt af elementære misforståelser, vrøvl og vanvid når jeg har orienteret mig i den udgivne litteratur om filosofi.

Men jeg går nu ikke helt så langt som Bohr: "Jeg har gjort en stor opdagelse, en meget stor opdagelse: Alt, hvad alle filosoffer nogensinde har skrevet, er det rene vås"[64].

PS.

Vi har fået noget at slås med, vi mennesker: Sproget er en forudsætning for at kunne udtrykke sine problemer. Det kan dyrene ikke.

Aha: Dér har vi fejlen! Vi fik sproget, og vi fik problemerne!

13.   Slutnoter

Internettet er en meget værdifuld og grænseløs kilde til viden, forståelse og udfordring. Links til relevante til sider anføres i filen

http://claus.munchow.net/Link.htm

hvor linkene er nummereret med **LX** hvor **X** er **1, 2, 3,...**

---

[1]   Erich Klawonn: *Sjæl-legeme-problemet*, Odense Universitetsforlag, 2001

[2]   Susan Blachmore: *Consciousness, A Very Short Introduction*. Oxford University Press, 2005

[3]   Den store Danske om Bevidsthed. **L1**

[4]   Konsekvenserne af Gödels indsigt. **L3**

[5]   En radioudsendelse om kunstig intelligens kom viden om mht. at reproducere menneskelig tænkeevne for at efterligne mennesket. Men mod slutningen slog eksperten ud med armene: "Det er jo lidt svært at vide hvad vi skal opnå når vi ikke ved hvad bevidsthed er."

[6]   For Søren Kierkegaard er selvreferencen selve vejen til at forstå mennesket:

> Mennesket er Aand.
> Men hvad er Aand? Aand er Selvet.
> Men hvad er Selvet?
> Selvet er et Forhold, der forholder sig til sig selv (...)
> Selvet er ikke Forholdet,
> men at Forholdet forholder sig til sig selv. **L4**

Det specifikt menneskelige er ånd, og det er forankret i selvreference i en sådan grad at forklaringen går helt i opløsning i en slags zen-paradoks.

Simpel logik er i hvert fald heller ikke vejen frem: *"Subjektivite-ten er sandheden"* og *"subjektiviteten er usandheden"* **L5**

7 Fra forskerzonen **L14**: *"Mysteriet om, hvordan et arrangement af fysiske ting og sager kan generere eller understøtte en bevidst oplevelse, bliver ofte kaldt bevidsthedsforskningens 'hårde' problem.*

Det er en mistanke - og et filosofisk argument - der har givet anledning til dette navn; atomernes og molekylernes - for ikke at tale om neuronernes - sprog vil aldrig nogensinde kunne krydse eller forklare kløften mellem den fysiske verden og den ikke-fysiske oplevelses tilsyneladende beskaffenhed."

Problemet står stadig som et uløst problem, der arbejdes på. Det fremgår af resten af artiklen, selvom det også slås fast *"vil aldrig nogensinde kunne…"*. Artiklen lægger ud med spørgsmålet: *"Bevidstheden? Er det overhovedet 'noget'?"*. Jeg konstaterer at det er det, og at det er et mirakel - og går frejdigt videre. Alt andet er omsonst.

8 Hvad angår dyrs følelser er der slet ingen tvivl. **L15**

9 Bare et lille skridt videre $\Psi(x,t) = A \int\limits_{k-\delta k}^{k+\delta k} \cos\left(k'x - \omega(k')t\right)dk'$ osv.

10 **Troldmændenes tid** af Kresten Lundsgaard-Leth. **L20** Citat fra anmeldelsen:

"Cassirer, Heidegger, Wittgenstein og Benjamin deler den grundlæggende intuition, at **mennesket må forstås som et sprogligt væsen** *[fedmet af mig]. Det er desuden klart for alle fire, at sproglighed som menneskets grundvilkår ikke må forveksles med nogen form for universel fornuft, der i guddommelig suverænitet gennemskuer det ordnede kosmos."*

11 # Oversættelser

Skal Johannesevangeliets indsigt være gyldig her, så er den oversættelse som jeg er vokset op med, helt afgørende.

Den Nye Aftale, som kalder sig *"banebrydende nudansk oversættelse af Det Nye Testamente"* lægger ud med *"Alting begyndte med at Gud talte"*. **L21**

Hvor kom så lige Han fra? Den første oversættelse *"I begyndelsen var ordet"* fastholder mysteriet, miraklet. Den anden kaster mysteriet overbord som uinteressant. (Som jeg vil tolke det, kaster den også en *hinsides* Gud overbord, og så er der ikke meget Gud tilbage.)

Men lad os da få sagen belyst fra hestens egen mund, af Divus Madsen selv: **L22**

Hvad siger den oprindelige græske tekst?

At søge tilbage til den for dér at finde 'sandheden' om det skabte er en søgning efter en åbenbaring givet os af en ydre instans. Og så er vi faktisk ved *"Alting begyndte med at Gud talte."*

I Johannesprologen står vi ved indgangen til et religiøst/mystisk/transcendent univers. De mange oversættelser som sætter *ordet* forrest for derefter at gøre det synonymt med Gud og alt det skabte, viser at disse oversættere i teksten har fundet bevidsthedsmysteriet fremstillet.

Den menneskelige virkelighed – og *mennesket;* teologi er *eksistens!* - opstår med den sprogbårne bevidsthed.

12 Abraham Pais: *Niels Bohr og hans tid*. Spektrum, 1994, s.467

13 Hvad er vi uden sproget? **L17**

---

14   Uddrag af Ole Vedfelt: *Bevidsthed*. Gyldendal, 1998, s.35-36

15   **L6**

16   Gamma 138 s.43, **L2**

17   **L39**

18   Citater af Max Planck. Fra **L18**:

På s.1 præsenterer han den frie viljes problem:

"Hvordan kan den menneskelige fri viljes uafhængighed bringes i harmoni med det faktum, at vi alle er integrerede dele af et univers, som er underlagt naturens strenge love?"

Følgende citater er fra s.2 i **L18**:

En komplementær tilgang til dette problem:

"....vi kunne sige, at set udefra (objektivt), er viljen kausalt bestemt og set indefra (subjektivt) er den fri. Her er der ingen modsigelse."

Mulig anvendelse af mirakler:

"Er der, helt grundlæggende, et eller andet sundt holdepunkt for denne tro på mirakler, uanset hvor bizart og ulogisk en ydre form det kan tage? Er der noget i menneskets natur, et indre område, som videnskaben ikke kan røre?"

Selvreferencens afgørende betydning:

"Videnskaben kan ikke løse naturens endelige mysterium. Det er fordi vi, når det kommer til stykket, selv er en del af naturen og derfor en del af det mysterium vi prøver at løse."

Holisme:

"Vi må fastholde vores opmærksomhed på helheden og på delenes sammenhæng."

Traditionel naturvidenskabs begrænsende rammer og holisme igen:

*"Hvis man ser på den korrekt, er videnskab en selvbærende en-
hed; den er delt i forskellige grene, men denne opdeling har in-
gen naturlig begrundelse og skyldes simpelthen det menneske-
lige sinds begrænsninger, som tvinger os til en opdeling af arbej-
det."*

*"...et hvilket som helst systems natur kan ikke opdages ved at
dele det i sine grundlæggende dele og studere hver del for sig
selv, da sådan en metode ofte indebærer tab af vigtige egenska-
ber ved systemet. Vi må fastholde vores opmærksomhed på hel-
heden og på delenes sammenhæng."*

19 Kreationisme og intelligent design

JATAK! siger jeg som fysiker. Det er to fantastiske begreber til
beskrivelse af min videnskabs vilkår. Det er derfor meget mor-
somt hvor jeg har dem fra. Netop min videnskab og hele den na-
turvidenskabelige verdensopfattelse kan langt mere end noget
andet give et konkret grundlag for og indhold til de to begreber,
se selv:

Kreationisme

Fysikken er den fundamentale af videnskaberne, og den der be-
skæftiger sig med stoffets art og opståen i det tidlige univers.
Kvantemekanikken er i overvældende grad en succesfuld teori.
Ikke bare stoffets atomare struktur i laboratoriesammenhæng
beskrives suverænt af kvantemekanikken, også hele universets
udvikling kan følges fra ufattelig kort tid efter The Big Bang. Men
det betyder ikke at vi er ufattelig tæt på at forstå The Big Bang.
Tværtimod indikerer det ufattelig korte sidste tidsrum som vi
ikke kan forfølge, at vi står ved grænsen for vores erkendelses-
muligheder. Kvantemekanikken kan beskrive *hvordan* universet
udviklede sig derfra. Men spørgsmålet *hvorfor*, og *af hvad* kan
slet ikke behandles.

Man kan indvende at kvantemekanikken kan vise sig at blive af-
løst af en bedre teori, eller inden for kvantemekanikken kan en
anden forklaring end Big Bang måske finde plads i fremtiden.
Men tilbage vil spørgsmålet være: *Hvorfor er der overhovedet
noget?* den helt fundamentale udgave af det filosofiske problem
om *den første årsag* (=Gud(?)). Det kan principielt slet ikke be-
svares af os som står inden i universet. Det er et mirakel. Det
hele ville unægtelig være lettere hvis der ikke var noget! Men *vi*
er her!!

I vores begrebsregister har sproget ikke bedre ord for dette un-
der end: Ja, det må jo så være *skabt*. Gud ved hvordan!? Men
skabt! Så skabelse ligger lige for (men en Skaber. Det vil være
en forklaring som egentlig vil reducere miraklet).

Kommet dertil, er man jo kreationist. Og tilmed: Ikke tilsluttende
sig en tro, men klart som følge af den ubønhørlige konsekvens
hvormed man tænker naturvidenskab og når frem til Big bang –
eller tilbage om man vil - uden at kunne komme videre.

Universet er skabt. Det giver ikke mening at filosofere mere over
det. Universet er det ultimative mirakel.
Og med hvilke egenskaber er det så skabt?

Intelligent design

Det næste uforståelige er at naturen kan forstås (et einsteincitat)
i en meget stor udstrækning for os selv at se. Men det er også en
tanke værd: Hvorfor kan naturen i vid udstrækning overhovedet
forstås? Der kommer ikke herfra noget forsøg på at besvare
dette spørgsmål. Også det er mirakuløst. Men det er ved denne
mulighed vi skaber vores videnskabelige virkelighed.

Universet er, som vi forstår det nu, også fra skabelsestidspunktet
skabt med de naturlove som fysikken har kunnet opstille. Og så
ser vi at de helt mirakuløst muliggør et univers hvor vi kan op-
stå. I en artikel i Berlingske redegør Ove Nathan for dette. Fra
indledningen·

*Fire elementære kræfter behersker det store maskineri af atom-
partikler, der danner universet. Svarene på universets og solsy-
stemets tidsforløb ligger gemt i de indbyrdes styrkeforhold mellem
de fire grundkræfter og rummer den overraskelse, at der består
en stribe hårfine balancespil, hvor balancen netop giver mulighed
for at udvikle det menneskeliv, vi kender.* **L19**

Og så kan stoffets fordeling i universet yderligere give anledning
til stor og gribende forundring. Disse to ting får Ove Nathan ikke
med. De kan forklares med helt elementære overvejelser.

1. Når universet udgår fra et punkt som The Big Bang fremstiller
det, så er det af betydning i hvor høj grad stoffet fordeler sig og
spredes homogent. På den store skala er det homogent, det kos-
mologiske princip; når vi kigger ud i universet er tætheden af ga-
lakser ens i alle retninger og afstande fra os.

Men sådan er det ikke på en mindre skala. Og det er det afgø-
rende: Der har åbenbart været fortætninger med netop sådanne
afstande at stoffet har klumpet sig sammen i størrelser som mu-
liggjorde den slags stjerner som vi ser overalt i universet. Hvis
områder med forstørret koncentration havde indeholdt mindre
stof, havde de resulterende klumper ikke opnået så høj tempera-
tur at de blev lysende stjerner. Havde områder med forstørret
koncentration været større, var de resulterende stjerner i stor
stil blevet til supernovaer eller endnu hurtigere og voldsommere
eksploderende stofkoncentrationer. Men netop som universets
klumper blev skabt, blev der mulighed for dannelse af stjerner
som vores sol der lever i ca. 9 milliarder år. Det gav tid til pro-
cesser som førte til livet og til os, som sidder her på Jorden og
undrer os over det hele.

2. "Sidder her på jorden". Jorden ville slet ikke eksistere hvis det
ikke også var for et andet forunderligt træk ved det oprindelige
univers. Stoffet er slynget ud fra Big Bang-punktet med en ibo-
ende rotation, sært forunderligt. Hvis ikke stoffet hvoraf vores
solsystem blev dannet, havde roteret, så var det alt sammen fal-
det ind i solen, og planeterne ville ikke være til.

Der var også i den store skala store klumper hvoraf galakserne opstod. Også det stof roterede, og derfor kunne galakserne opstå. Ellers ville det stof være faldet sammen til, ja,...?

Altså: Udover de utroligt mange andre mirakuløst opfyldte forudsætninger som Nathan opremser, er også stoffets inhomogene fordeling på en nøje afpasset skala samt dets indlejrede rotation forudsætningen for at vi kan stille spørgsmålet: "Hvorfor er der overhovedet noget, os inklusive?" (Her falder jeg for fristelsen: Hvis ikke vi havde været her, havde der så været noget?)

Der er noget! Hvis man som naturvidenskabsmand mener at evolutionen er foregået efter de naturlove vi trin for trin afklarer, så kommer intet udgangspunkt op på siden af fysikerens når det gælder om at forundres over universet - og jeg nyder det!

Jeg er fysiker, kreationist og bekender mig til mirakuløst design, amen!

20 Undertegnede om paradigmeskiftet, **L7.**

21 Dobbeltspalteeksperimentet i en pjattet, men helt korrekt fremstilling, **L8.** HerreNice!

22 **Komplementaritetsprincippet**

Komplementaritetsprincippet præsenteres her i sin kategoriske udgave som den er opstået i fysikken. Men med de nødvendige forudsætninger kan dets logik også fjerne modsætningerne i den frie viljes problem. Princippets tankegang anvendes i teksten på en måde som Bohr påbegyndte.

Komplementaritetsprincippet er en beskrivelsesramme som er blevet nødvendig i tolkning af kvantemekanikken. Her optræder et og samme fænomen i to uforenelige udgaver ved iagttagelse på to forskellige måder. Men en modstrid kan ikke opstå, for de to forskellige iagttagelsesmåder kan ikke udføres samtidig. Men det er et fundamentalt nyt forhold til naturen. Tilsammen udgør de *alt* hvad vi kan vide om fænomenet. I den forstand komplementerer de hinanden.

Den komplementære dualitet forekommer i to udgaver, den supplerende og den ekskluderende; betegnelserne er mine egne. I den supplerende er der tale om at mere af det ene betyder mindre af det andet. I den ekskluderende er der kun to muligheder; når den ene er i spil er den anden udelukket. De to udgaver er i den kvantemekaniske formalisme flettet helt ind i hinanden.

Den supplerende komplementaritet forekommer i Heisenbergs ubestemthedsrelation

$$\Delta x \cdot \Delta p > h$$

hvor x står for stedsmåling og p for impulsmåling på samme kvantefænomen og Δ symboliserer den uundgåelige ubestemthed på målingen. Jo mindre ubestemthed på den ene, desto større på den anden. h er Plancks konstant. Den er den afgørende naturkonstant hvorved kvantemekanikken adskiller sig fra den klassiske fysik. $h>0$ skaber kvantemekanikken.

Komplementariteten på s.16 er den supplerende: "kunstoplevelsen svækkes i samme grad som analysen griber om sig." – og omvendt.

Den ekskluderende komplementaritet opstår med elementarfænomener, f.eks. elektroner, der kan optræde på to måder.

Min behandling af problemet med den frie vilje er den ekskluderende komplementaritet som Arno Victor Nielsen udtrykker det s.49, og som det finder sin løsning i Afsnit 10. Ligeledes er Spinozas komplementaritet, s.43, den ekskluderende.

23 Abraham Pais: *Niels Bohr og hans tid*. Spektrum, 1994, s.322

24 Abraham Pais: *Niels Bohr og hans tid*, s.450 og 474

25 Solvay 1927 og kvantemekanikken. **L9**

26 Om Alain Aspects forsøg, **L10**

27 Bells betingelse, **L11**

28 Hør ham selv, **L12**

29   Det der er ud over (meta) fysikken; de implicitte forudsætninger for fysikteoretisk arbejde.

30   Teorien om karakteren af 'væren', om måden at eksistere på.

31   ## Kant og Bohr.

Det har undret mig at Kant ikke nævnes sammen med Bohrs filosofi.

Kant: **Das Ding an sich.** fra **L23:**

"For Kant betyder det tingen, som den er, altså inden den fremtræder i tid og rum. Det er umuligt, ifølge Immanuel Kant, at vide noget om tingen i sig selv, undtagen at den nødvendigvis må være der, da begrebet 'fænomen' ellers ingen mening giver."

"En af Kants pointer er, at vi kan sige noget om hvordan vi erkender tingen, men vi kan ikke sige noget om tingen i sig selv. Således forsøger han med sin filosofi at kende erkendelsens grænser og muligheder, hvorimod selve tingen i sig selv altid vil være uerkendt af os."

32   **Svend Brinkmann & Lene Tanggaard** (red.): *Kvalitative metoder* side 191. **L24**

Om Heidegger:

"Dasein er Heideggers betegnelse for mennesket som fortolkende og verdensudlæggende væsen. Hos Heidegger forlades Husserls strenge deskriptive fænomenologi, og i stedet udvikles fænomenologien i hermeneutisk retning.

Heideggers hovedværk 'Væren og tid' forsøger at besvare spørgsmålet om, hvad et fortolkende væsen grundlæggende er, og bogen kan derfor kaldes en fortolkning af fortolkningsakten (Richardson, Fowers & Guignon, 1999) - eller en fortolkning af fortolkeren.

*Ifølge Heidegger adskiller Daseins væren sig fra andet i univer-
set. Fysiske genstande som stole, biler og bøgetræer har katego-
riske ontologiske karakteristika (fx højde og vægt), hvorimod
mennesker som Dasein betragtet er historier eller begivenheder
og har eksistentialer som deres ontologiske karakteristika (Brink-
mann, 2008). Det vil sige, at mennesket primært eksisterer som
involveret i en verden af betydning, relationer og formål og kun
sekundært i en verden af rent fysiske genstande, og for Heideg-
ger udlægger vi ikke bare verden igennem vores livsførelse, for
vi ved tillige, at vi fortolker verden – og at vi kunne have fortol-
ket verden anderledes."*

33 Abraham Pais: *Niels Bohr og hans tid*, s.450

34 Projektrapport fra RUC. Om fænomenernes helhedspræg. **L13**

35 Fra Bohrs mindeskrift ved Einsteins død.

36 Spinozas komplementaritet **L16**

37 **Einstein/Bohr**

- Om hvordan Aspects forsøg eksperimentelt afgjorde uenigheden
  mellem Einstein og Bohr og gav Bohr medhold,

- og hvordan denne uenighed grundlæggende er helt den samme
  som lader Spinozas synspunkt feje Descartes' af banen,

- og hvordan disse afgørende forskelle er springet ind i et nyt pa-
  radigme.

"Herfra hvor jeg står" er absolut en væsentlig indledning når
man skal se sig omkring. Det er afgørende for hvad man ser.

At forblive i den nuværende position, at ville se det hele udefra,
er ifølge Søren Kierkegaard at forblive i vildfarelse. Han forklarer
det således (kritik af Hegel): **L43**

*"En Tænker opfører en uhyre Bygning, et System, et hele Tilvæ-
relsen og Verdenshistorien o. s. v. omfattende System – og be-*

tragter man hans personlige Liv, saa opdager man til sin For-
bauselse dette Forfærdelige og Latterlige, at han selv ikke per-
sonligen beboer dette uhyre, høithvælvede Pallads, men en La-
debygning ved Siden af, eller et Hundehuus, eller i det Høieste
Portnerleiligheden.
Vilde man tillade sig med et eneste Ord at gjøre opmærksom paa
denne Modsigelse, saa vilde han blive fornærmet. Thi at være i
en Vildfarelse frygter han ikke, naar han blot faaer Systemet
færdigt – ved Hjælp af at være i en Vildfarelse."

Jeg har set at Einstein skulle have udtrykt noget i retning af: *Jeg*
søger en teoretisk forståelse af verden som giver mig en position
hvor jeg kan beskrive verden entydigt og deterministisk udefra.
Selvom jeg ikke kan finde kilden, vil jeg anføre det som en klar
karakteristik af at Einsteins position forblev den klassisk-fysiske
og dermed grundlæggende distancerede sig fra Bohrs.

Bohr udtrykker denne distance direkte i *Fysikkens Erkendelses-*
lære og Menneskekulturerne, Trykt i *Tilskueren* 56, I, 1939 og
udgivet i *Atomfysik og menneskelig erkendelse*, J. H. Schultz
Forlag, København 1957:

"Vi stilles her overfor et erkendelsesproblem, der er helt nyt in-
den for naturvidenskaben, hvor al beskrivelse af erfaringer hidtil
har hvilet på den allerede bag almindelig sprogbrug liggende for-
udsætning, at det er muligt skarpt at skelne mellem objekternes
opførsel og de midler, hvormed de kan iagttages; en forudsæt-
ning, der jo ikke alene er fuldt berettiget ved alle dagligdags fo-
*reteelser, men tillige danner **hele grundlaget for den klassiske***
fysik, der netop gennem relativitetsteorien har fundet så
vidunderlig en afrunding.
Så snart vi imidlertid har at gøre med fænomener som de
individuelle atomprocesser *[Fedmet ved mig] … tvinges vi der-*
for til nærmere at undersøge karakteren af de oplysninger om ob-
jekterne, som der overhovedet kan blive tale om at vinde, og
hvorledes disse oplysninger lader sig sammenfatte."

Einstein afslutter (sat på plads med Bohrs fulde anerkendelse!)
den klassiske fysik. Det var så det!

Den *nye* fysik begynder med kvantemekanikken, og den begynder med en udfordring til sproget (hele det sidste afsnit af citatet handler om sproget), altså krav om bevidsthedens tilpasning.

I den verden vi nu prøver at forstå, er vi via vores måleinstrumenter *selv en del*. De atomare fænomener giver sig ikke selvstændigt til kende. Vi ser dem kun sammen med og i fremtrædelsesform afhængige af vores makroskopiske opstillinger. Dette er *fænomenernes helhedspræg*.

38 Descartes postulerer: *"at koglekirtlen er det sted, hvor det sjælelige og kropslige står i forbindelse med hinanden."* **L25**

39 Arno Victor Nielsen citeret i videnskab.dk. **L26**

40 **Determinisme eller ej**

I en periode har jeg brugt betegnelsen kvasideterminisme efter en fysikkollega havde peget på indeterminismen i kvantemekanikken. Jeg kunne her fremføre at den er uden betydning for processer som omfatter et meget stort antal elementære indeterministiske kvantefænomener, altså i den makroskopiske verden. Dertil indvendte han så at indeterminismen kan gøre sig gældende når de enkelte neuroner 'fyrer'; derfor er der ikke tale om en entydig determinisme i levende organismer.

Men i relation til en fri vilje? Skulle en vilje kunne gribe ind i den kvantemekaniske indeterminisme og udløse en neuronfyring? Så skulle der være tale om en vilje som var i stand til at gå helt i dybden(!) og påvirke de enkelte atomare overgange, flytte en elektron fra én bane til en anden. Den forestilling er ubrugelig. Så jeg skrev igen *deterministisk* i betydningen uden for viljens kontrol. 'Vilje' hører slet ikke hjemme i denne sammenhæng.

41 Artikel i Informatíon **L27**

42 Tor Nørretranders: Mærk verden, Gyldendal 1991

43 Lige efter fig. 4.3. **L29**

44 Problemet 'fri vilje' diskuteres som et alternativ til determinisme. 'Fri vilje' og 'fri uvilje' er i denne sammenhæng det samme. I

begge tilfælde er der tale om viljesindgreb, altså brud på determinismen.

Der foreligger mulighederne: A B C D E F G som er potentielle valg

Jeg vil vælge C, men har ikke den frihed.

Jeg har frihed til at fravælge A B D E F G - og C bliver tilbage!

Det er åbenbart sådan det skal forstås. I Leif Østergaard: *Hjernen* **L30** læser man på s.58-59 om et ph.d.-forsvar

"De skulle stille Mads vanskelige spørgsmål og sikre, at der ikke var huller i hans arbejde og viden. Da opponenterne var overbevist, stillede den ene det spørgsmål, jeg havde glædet mig til at høre svaret på: "Så har vi en fri vilje?". Mads svarede klogt, at det er der nogle forskere, der stadig mener. Men han tilføjede, at vi nok snarere har frihed til at vælge, hvilke handlinger vi ikke vil udføre. Med andre ord: Vores hjerne arbejder hele tiden med mulige scenarier og planer for den nære og mere fjerne fremtid og efterhånden som de modnes, kan vi stoppe de handlinger, som ikke passer i situationen. Så du har muligvis ikke valgt at læse denne bog, men snarere fravalgt at se en film i fjernsynet, tømme opvaskemaskinen — eller noget helt andet."

En fiks løsning!

[45] **L49**

[46] **L48**

[47] Originalteksten **L32**

[48] Originalteksten **L33**

[49] **L34**

[50] Artikel af Libet, p.292.   **L31**

[51] Originalteksten **L32**

[52] Tor Nørretranders: Mærk verden, Gyldendal 1991

53 **L35**

54 men der er eksempler **L36**

55 *"Hvad er det vi mennesker er afhængige af? Vi er afhængige af vores ord. ... Netop fordi det endnu ikke har lært brugen af begreber, kan et nyfødt barn strengt taget næppe regnes for et menneskeligt væsen."* Fra Pais: *Niels Bohr og hans tid*, s.474.

56 Læs historien om Victor i **L36**

57 ## Orden og retfærdighed

I dyreflokke er der tydelige hierarkier og adfærdsregler. De udvikler sig evolutionært i fuldstændig sammenhæng med artsindividernes udvikling. Løver, aber og mennesker m.m. ville slet ikke kunne overleve uden regelstyret samarbejde. Hvis en ung, kåd han-abe stjæler en banan fra en abemor med barn (for at gøre pointen helt klar!), så får han flokken på nakken. Der indtræffer en øjeblikkelig opdragelse, ordløst, men med smæk.

Her konstaterer vi at kropssproget, flokkens trussel, trænger ind i kroppen på den truede og sidder som ubehagelig hukommelse i kroppen med ændret adfærd til følge. Gensidig påvirkning/opdragelse er et helt generelt træk også arterne imellem. Dyr indbyrdes, og vi, vi opdrager vores kæledyr og dyr, vi omgås. Men der opdrages gensidigt. En hunds truende gøen kan gøre stort indtryk – og vi respekterer hundens grænser.

En hund kan også gøre det kærligt, men bestemt: Jeg har set en flok drenge, 4-6 stykker, og en hund lege. Det var meget muntert, og i overensstemmelse med drengenes alder blev det vildere og vildere. På et tidspunkt blev hunden tydeligt nervøs ved det. Så tog den resolut fat om den vildeste drengs underarm.

Drengen forstenede forskrækket. Hunden holdt fast i nogle sekunder. Så slap den, og drengen havde forstået. Så legede de videre. - Ordløs, umisforståelig, interracial kommunikation.

Samme mekanismer fungerer ved opdragelse mennesker imellem. Men vi sætter ord på. Sproget kan alt fra venlig irettesættelse til trusler med ord, som associeres med en slags abstrakt smæk.

Men det kan nærme sig vold og blind selvtægt. Begge dele giver utryghed i samfundet, og det er ikke evolutionært gunstigt. Derfor har institutionaliserede irettesættelser i form af retsvæsenet udviklet sig. Det opretholder grænserne for acceptabel adfærd som de er sat af folketinget. Her skal til stadighed essensen af de aktuelle flokdynamiske regler iagttages og afklares, hvorefter der, dynamisk, lovgives for korrekt adfærd; med masser af detaljer og masser af skrevne ord.

Adfærd som kommer på tværs af lovgivningen, opfattes som en trussel mod flokken og pådømmes. Håbet med straf er deterministisk at indpode adfærdsregulerende reflekser i den straffede.

Den dømtes adfærd er naturligvis en følge af vedkommendes hele situation, og man kan sagtens fristes til at istemme den gamle parole "det er samfundets skyld". Den dømte kan prøve at indarbejde "samfundets skyld" i sin fornuft, således at årsagen og ansvaret kan placeres udenfor, så vedkommende føler sig skyldfri og uretfærdigt behandlet. Men det vil ofte føre en på afveje. Dog kan "samfundets skyld" og uretfærdighed indgå i samfundsdebatten i forbindelse med evt. ændring af lovgivningen.

Yderligheder for samfundets reaktioner er total opgivelse, livstid eller dødsstraf, eller tro på muligheden for at resocialisere vedkommende.

Denne påvirkning er absolut mulig. Tilvænnet adfærd kan være sejlivet, dvs. tidligere erfaringer stikker dybt. Men vi mennesker har med vores sprog en udvidet mulighed for at nuancere påvirkningen verbalt, snakke med den andens bevidsthed og opbygge konkurrerende motivationskræfter.

Retsvæsenet betjener sig dog mest af motiverende tvang/vold (bøde, fængsel, opdragelse på dyreniveau!). Uanset hvad, så bygger sådanne påvirkningsforsøg på en tillid til **determinisme** i vores omgang med hinanden.

Når vores biologiske art har udviklet et retsvæsen, er det et evolutionært fænomen som ikke kunne opstå uden determinisme. Det opretholder den sociale orden og sikrer dermed artens overlevelse hvorfor det er en indiskutabel bestanddel af samfundet.

Den dømte vil under presset fra samfundet arbejde med sin for-
nuft (som Clinton, s.65), vedkende sig personlig fri vilje ved at
tage ansvar for sit 'jeg'; dette hvad enten resocialisering virker,
og vedkommendes fornuft samler sig om et 'jeg' der kan glide
ind i det store fællesskab, eller vedkommendes 'jeg' stadig befin-
der sig bedst i det kriminelle miljø. 'Jeg'et konsolideres i begge
tilfælde. Uanset hvad den dømte vælger, så **opleves det som et
frit valg** der tages ansvar for. Og et valg er vigtigt. Hvis ikke en
af disse veje betrædes, er vedkommende i identitetskrise.

58 Film af Ole Roos, Danmark, 1990. Resumé af filmen **L37**

59 Wikipedia om Descartes. Søg på dualisme. **L38**

60 **L27**

61 Ordet 'forstå' bruges her i betydningen 'forstå udefra' beskrivelse
af processen som tilstræber en deterministisk beskrivelse. I sæt-
ningen 'jeg forstår godt hvorfor jeg gjorde det' har 'forstå' en
helt anden betydning. Her er tale om en indre proces hvor hand-
lingen kan inddrages i fornuften. 'Forstå' optræder her samlende
for 'vilje', 'ansvar', 'jeg'et, og alt hvad vi oplever sammen med at
vi tager ansvar for vores liv. Dér hvor livet opleves indefra.

62 Jeg satte faktisk mine elever til at regne på det... **L40**

63 Meget efter det endda **L41**

64 Abraham Pais: *Niels Bohr og hans tid*. Spektrum, 1994, s.444